NAYOMA DE HAËN

DAS MYSTERIUM DER RAUNÄCHTE

»Es gibt so
wunderweiße Nächte,
drin alle Dinge
silbern sind ...«

Rainer Maria Rilke

KOHA KOMPAKT

NAYOMA DE HAËN

Das Mysterium der Raunächte

DIE ZWÖLF HEILIGEN NÄCHTE

Inhalt

In den alten Zeiten – als das Wünschen noch geholfen hat, wie es im Märchen heißt – verwandten die Menschen viel Aufmerksamkeit darauf, ihre Beziehung zur Natur, zu den unsichtbaren Welten und den darin verborgenen Kräften zu pflegen. Heute sind wir meist viel zu beschäftigt, um uns dem Unsichtbaren zu widmen. Die Verbindung mit dem, was wir nicht fassen können, ist schwächer geworden oder ganz abgerissen. Die Zeit zwischen den Jahren, in der die Schleier zwischen den Welten dünn sind und das Lebenstempo sich verlangsamt, ist eine wunderbare Gelegenheit, innezuhalten und wieder ein Gespür für die Verbindung mit den tieferen und höheren Wirklichkeiten in uns und um uns herum zu entwickeln.

Wir können uns daran erinnern, dass eine tiefe Aufgabe unseres Lebens darin besteht, das Licht in uns zum Leuchten zu bringen und das innere Feuer zu nähren. Wir können unsere Liebes- und Begeisterungsfähigkeit, unsere Lebendigkeit und Lebensfreude stärken und uns bewusst machen, dass unser Leben sinnvoll ist, auch wenn uns dieses Gefühl zwischendurch abhandenkommen mag.

Seit Urzeiten ist die Wiedergeburt des Lichts aus tiefster Dunkelheit zu Mittwinter immer wieder gelungen. Die Tage und Nächte zwischen den Jahren laden uns ein, uns dieser großen Bewegung anzuvertrauen und sie auch in uns zu vollziehen.

Die Raunächte sind da!

Raunächte – das erinnert an Schneetreiben, neblige Winterwälder, warme Öfen und Kerzenschein. An Orakelspiele und Träume, die das kommende Jahr vorausahnen. Die Raunächte sind von einer Aura des Geheimnisvollen umweht; ein leises Raunen aus grauer Vorzeit klingt in dieser Bezeichnung mit wie flüsterndes Donnergrollen und ferne Sphärenmusik.
Doch was bedeuten die Raunächte eigentlich und woher stammen sie? Sie sind die Zeit zwischen der Wintersonnenwende und dem 6. Januar. Die genaue kalendarische Zuord-

nung ist umstritten. Die meisten Quellen sprechen von den zwölf Nächten von Heiligabend bis Epiphanias / Heilige Drei Könige. Auch die Wortwurzel lässt sich nicht zweifelsfrei bestimmen. Es kursieren drei mögliche Ableitungen:

- von mdh. *roûch* = »Rauchen, Räuchern«, also das überall damit verbundene Reinigen und Segnen durch duftenden Rauch;
- von mdh. *rûch*, ahd. *rûh* = »rau, grob, streng, unwirtlich«, auch »haarig, pelzig«; im älteren Oberdeutschen wurde *rûch* auch gleichbedeutend mit »wild« verwendet;
- von »Raunen«, in dem die ahd. Wortwurzel *rûn-* = »Geheimnis« steckt.

In Norddeutschland nennt man diese Zeit »die Zwölften«, in Thüringen spricht man von den zwölf heiligen Nächten, in Schwaben gibt es die Bezeichnung »in der Zwölft«, in der Oberpfalz heißen sie »Raunnächte«, und in Westfalen kennt man den Namen »Drütteijenten«. In vielen Gegenden meint man mit dem Begriff »Raunächte« nur die vier wichtigsten Nächte: die Nacht auf die Wintersonnenwende, die Christnacht, Silvester und die Nacht auf Dreikönig.

In ganz Europa erzählen Volkssagen um diese Jahreszeit vom Hereinbrechen der Geisterwelt. Etliche Bräuche, die während der Raunächte gepflegt wurden, dienten der Abwehr böser Geister und Dämonen. Doch heute wissen wir, dass sich hinter den vermeintlich »bösen Geistern« oft segenbringende Naturgeister aus vorchristlicher Zeit verbergen.

DIE ÜBERLIEFERUNG

Genau wie das Wort »Weihnachten« (ahd. *wihe nahten* = »geweihte Nächte«) uns daran erinnert, dass es um mehrere Nächte geht, stammen auch die Raunächte aus einer Epoche, in der die Zeit nach Nächten, nicht nach Tagen gezählt wurde.

Das Wissen um die Raunächte ist jahrtausendealt. »›Die Zwölften‹ (das heißt: die Tage, um die das Sonnenjahr länger ist als zwölf Mondumläufe, und die deshalb als ›überschüssige Zeit‹ hochnuminos sind) sind nachweislich ein schon indoeuropäischer und damit bei Kelten und Germanen vorchristlicher Begriff; im Volksglauben großer Teile Europas sind sie eine Manifestation jenseitiger Mächte.«[1]

Aber was bedeutete dieses Numinose, dieses Jenseitige den Menschen?

In den Raunächten wurden Haus und Hof geräuchert. Man rüttelte die Obstbäume, verschloss Tür und Tor und stellte den Geistwesen Speisen hin, um sie gnädig zu stimmen. Alle drehenden Bewegungen (wie etwa das Spinnen) waren während der Raunächte untersagt. Die Überlieferung berichtet, dass die Ge- und Verbote einem Geisterheer galten, das auch als Wildes Heer, Wilde Jagd, Wilde Fahrt bezeichnet wird, und einem weiblichen Geistwesen, das in vielen Gegenden Frau Percht oder Frau Holle genannt wird, wie wir z.B. aus einer alten Zisterzienser-Handschrift aus dem 13. Jh. erfahren, wo es heißt: »[Gewisse Frauen] treiben, um glücklich zu werden und in weltlichen Dingen Erfolg zu haben, ... Phantastereien: In der

Weihnachtsnacht decken sie den Tisch für die Himmelskönigin – die das Volk Frau Holle nennt –, damit sie ihnen helfe.«[2]

Doch was macht Frau Holle, die wir aus Grimms Märchen kennen, in den Raunächten?

Das bekannte Märchen beruht auf einer Fülle von Volkssagen. Alle ranken sich um eine mächtige weibliche Gestalt, die das Wetter macht, Fruchtbarkeit bringt, manchmal ein Totenheer anführt, Kinderseelen hütet und daneben vor allem ein Auge auf das Spinnen hat.

Die historischen und vor allem die sprachgeografischen Analysen lassen keinen Zweifel: Die süddeutsche Percht (Perchta, Berchtl etc.; von ahd. *peraht* = »hell, glänzend«), die mitteldeutsche Frau Holle (Holda, Hulda, Hulla, Hulle etc.; von germ. *ħuldaż*, ahd. *hold* = »geneigt, zugetan, wohlgesinnt, treu«) und die niederdeutschen Figuren der Frau Harke (Herke, Hertha, Gode, Freke, Frigg etc.) verkörpern ein und dieselbe zentrale weibliche Hauptgestalt der Zwölften. In ihren mannigfaltigen Erscheinungsformen war sie im gesamten deutschsprachigen Raum und darüber hinaus verbreitet. Die Spuren reichen von Skandinavien über Frankreich, die Schweiz und Norditalien bis zum Balkan.

Die Vorläuferin dieser Frauengestalt ist die germanische Göttin Frigg (ahd. *Frija*), die wolkenwebende Göttermutter des germanischen Götterhimmels, Hüterin der Fruchtbarkeit und der Liebe.

Bei der Gestalt der süddeutschen Percht gibt es darüber hinaus einen Hinweis auf eine Kontinuität zur keltischen Göttin Brixta (»die Leuchtende«), einer lokalen Ausprägung der Sirona, einer alten keltischen Göttin der Quellen, der Frucht-barkeit und Heilung und des Sternenhimmels.

»Ein Merkmal, an dem wir die älteste Glaubensschicht er-kennen, ist ihre Beziehung zur Tiefe«, schreibt die Ethnolo-gin Heide Göttner-Abendroth. »Jede archaische Erdgöttin ist die Mutter in der Tiefe, welche die Lebewesen auf die Ober-schicht hinauf gebiert und sie wieder zu sich zurück nimmt, Göttin des Lebens und des Todes zugleich.«[3]

Bei den Germanen heißt sie Jörd, Njörd (deren heilige Insel Rügen war), Fjörgyn oder Hel (deren heilige Insel Helgoland war), Erda oder Hertha. Die Verbindung zu unserem Wort »Erde« ist offensichtlich. Njörd ist die Mutter von Freyja, Fjörgyn ist die Mutter von Frigg, beide sind ältere germani-sche Gestalten hinter unserer Frau Holle.

Die historischen Spuren führen uns also in die Kultur der Ger-manen und wahrscheinlich sogar weiter zurück bis in die Zeit mutterrechtlich organisierter, friedliebender, egalitärer Kul-turen, die weitgehend frei von Gewalt und Gier kooperativ und tolerant miteinander lebten.[4] Die Gestalten der Percht und der Holle sind demnach weit mehr als schlichte regio-nale Märchenfiguren. Sie verkörpern einen uralten, europäi-schen Mythos, in dessen Mittelpunkt eine jahrtausendealte Hüterin von Fruchtbarkeit und Seelenfrieden steht.

SONNE UND MOND

Die Zwölften entstehen aus der Differenz zwischen dem Mondjahr und dem Sonnenjahr. Ein lunares Jahr besteht aus 12 Monden zu jeweils 29,5 Tagen, das heißt aus 354 Tagen. Ein solares Jahr hingegen – die Zeit, in der wir die Sonne einmal umrunden – dauert 356 Tage.

354 Tage laufen der solare und der lunare Kalender unauffällig parallel. Doch die letzten 12 Tage des solaren Jahres sind anders. Sie gehören nicht mehr ganz zum alten Jahr, aber auch noch nicht zum neuen. Sie sind geschenkte Zeit, außerhalb des gewohnten Raum-Zeit-Gefüges und deshalb verunsichernd, geheimnisvoll und – wenn wir den alten Mythen glauben – durchlässiger für andere Ebenen der Wirklichkeit.

»Zwischen den Jahren« heißt diese Zeit aber vielleicht auch, weil in Mitteleuropa über lange Zeiträume das Jahr an völlig unterschiedlichen Tagen anfing. Nach römischem Recht begann es seit 153 v. Chr. am 1. Januar. In großen Teilen Mitteleuropas galt jedoch der 6. Januar als eigentlicher Neujahrstag, und unter den Karolingern wurde der 25. Dezember als Jahresanfang festgelegt. Erst seit dem 17. Jh. setzte sich der 1. Januar allmählich durch.

Doch wenn die Raunächte tatsächlich aus vorchristlicher Zeit stammen, warum beginnen sie dann am 25. Dezember und nicht direkt am 21. zur Wintersonnenwende? Eine mögliche Erklärung ist die Verzögerung der energetischen Wirksamkeit. Manche Menschen berichten, dass sie drei Tage nach dem astronomischen Vollmond die Wirkung am stärksten spüren. Gilt das vielleicht auch für die Raunächte? Tatsächlich werden die Tage erst ab dem 24. Dezember wieder länger. Und erst ab dem 6. Januar geht die Sonne wieder früher auf als zur Wintersonnenwende.

Eine andere Erklärung ist, dass um das Jahr 45 v. Chr., als der julianische Kalender eingeführt wurde, die Wintersonnenwende und die damit verbundenen Feierlichkeiten auf den 25. Dezember fielen und die entsprechenden Feiern sich von der astronomischen Wintersonnenwende abkoppelten.

Das noch geheimnisvollere Datum ist der 6. Januar, der in alter Zeit in vielen Gegenden auch Hochneujahr, Großes Neujahr oder Oberster genannt wurde. In Irland wird dieser Tag noch heute in manchen Grafschaften als »Womens Christmas« bezeichnet. Die Nacht vom 5. auf den 6. Januar gilt als die wichtigste Raunacht.

Liegen die Raunächte zwischen dem 25. Dezember und dem 6. Januar, weil es ihnen entspricht, oder sind sie durch einen Anpassungsprozess dorthin geraten? Oder ist die Zwölf hier vielleicht nur als symbolische Zahl zu verstehen?

Vermutlich begannen die Raunächte ursprünglich zur Wintersonnenwende und dauerten zwölf Nächte, weil ihre wesentliche Bedeutung auf der kosmischen Ebene im Ausgleich zwischen Sonnen- und Mondkalender liegt. Dann wäre die letzte Nacht die vom 1. auf den 2. Januar, den alemannischen Berchtelistag.

ZAHLENMYSTIK

Die Zwölften heißen sie also. Was ist an der Zwölf so besonders, dass allein die Zahl als Name genügt?

Zwölf steht für Vollständigkeit und Abgeschlossenheit. Die Zwölf gilt als vollkommene Zahl, weil sie den zwölf Mondumläufen des Jahres entspricht. Der Tag besteht aus zweimal zwölf Stunden, der Tierkreis aus zwölf Zeichen.

Ob die zwölf Stämme Israels oder die zwölf Jünger Jesu wirklich zwölf gewesen sind, ist historisch nicht eindeutig belegt. Im alten Geschichtsverständnis war das auch nicht entscheidend, es ging vielmehr um die Bedeutung, die durch die Zahl zwölf hervorgehoben wurde. Zwölf Tore hat das himmlische Jerusalem, zwölf Götter herrschen auf dem griechischen Olymp, und im Asgard des nordischen Götterhimmels stehen zwölf Paläste für die zwölf Götter; zwölf Imame gelten als Nachfolger Mohammeds, zwölf Sterne krönen die Sonnenfrau der Apokalypse, zwölf Prüfungen muss Herakles bestehen, zwölf goldene Teller haben Dornröschens Eltern und können deswegen die dreizehnte Fee nicht einladen. Zwölf Sterne zieren die Europaflagge. Im Christentum gilt die Zwölf als heilige Zahl der Begegnung Gottes (3 = Trinität) mit der Welt (4 = Himmelsrichtungen, Jahreszeiten, Elemente).

Der aus zwölf Fünfecken gebildete Dodekaeder wird als der vollkommenste geometrische Körper betrachtet, in dem sich der Goldene Schnitt, der geometrische Ausdruck höchster Harmonie, gleich mehrfach abbildet. In der Schule des Pythagoras war der Dodekaeder so heilig, dass er nicht erwähnt werden durfte.

Doch wer die Raunächte exakt nachzählt (25.12., 26.12. ...,
31.12., 1.1. ..., 6.1.) stellt fest: Es sind dreizehn! Und das muss
auch so sein, denn mit der Dreizehn beginnt immer das
Neue: Dreizehn Töne hat die Oktave – acht Ganztöne und
fünf Halbtöne, wobei der letzte Ton gleichzeitig schon wieder
der erste der nächsthöheren Oktave ist. Zwölf Jünger hatte
Jesus, aber zusammen mit ihm, der auf die höhere Entwicklung des Menschen verwies, waren sie dreizehn.

Zwölf Monde hat das Jahr, und im dreizehnten beginnt das
neue. Dreizehn steht für Aufbruch und Entwicklung.

»Wieder (…) stehen sie da, diese zwölf heiligen
Nächte, wie aus den verborgenen weisen Seelen-
tiefen der Menschheit festgesetzt, wie wenn sie sagen wollten: Empfindet alle Tiefe des Christfestes;
aber versenkt euch dann während der zwölf heiligen
Nächte in die heiligsten Geheimnisse des Kosmos!«

Rudolf Steiner

Sprich aus der Ferne
Heimliche Welt,
Die sich so gerne
Zu mir gesellt!

Wenn das Abendrot niedergesunken,
Keine freudige Farbe mehr spricht,
Und die Kränze still leuchtender Funken
Die Nacht um die schattichte Stirne flicht:

Wehet der Sterne
Heiliger Sinn
Leis durch die Ferne
Bis zu mir hin.

Wenn des Mondes still lindernde Tränen
Lösen der Nächte verborgenes Weh;
Dann wehet Friede. In goldenen Kähnen
Schiffen die Geister im himmlischen See.

Glänzender Lieder
Klingender Lauf
Ringelt sich nieder,
Wallet hinauf.

Wenn der Mitternacht heiliges Grauen
Bang durch die dunklen Wälder hinschleicht
Und die Büsche gar wundersam schauen,
Alles sich finster, tiefsinnig bezeugt:

Wandelt im Dunkeln
Freundliches Spiel,
Still Lichter funkeln,
Schimmerndes Ziel.

Alles ist freundlich wohlwollend verbunden,
Bietet sich tröstend und trauernd die Hand,
Sind durch die Nächte die Lichter gewunden,
Alles ist ewig im Innern verwandt.

Sprich aus der Ferne,
Heimliche Welt,
Die sich so gerne
Zu mir gesellt.

Clemens Brentano

Schwellenzeit – Aussteigen aus der Zeit

Wir fügen Speichen in einem Rad zusammen,
aber es ist das Loch in der Mitte,
das die Bewegung des Wagens bewirkt.
Wir formen Ton zu einem Topf,
aber es ist die Leere darin,
die das Gewünschte enthält.
Wir zimmern Holz für ein Haus,
aber es ist der Innenraum,
der es bewohnbar macht.

Wir arbeiten mit dem Seienden,
doch Nichtseiendes macht den Nutzen aus.

Laotse

Dämmerung und Sonnenaufgang sind geheimnisvolle Augenblicke, die Tiefe atmen und in denen das Große uns anrühren kann – wenn wir uns die Zeit dafür nehmen. Zwischenräume und Zwischenzeiten gelten seit jeher als besonders und beängstigend. Nicht umsonst sprechen wir von Schwellenangst. Der Nebel, das Zwielicht, die Schwelle, die Zwölften: Hier gelten andere Gesetze als die des Alltags. Die Schleier zwischen den Welten sind dünner, und wer eine natürliche Neigung dazu hat oder sich entsprechend vorbereitet, kann den Vorhang für einen Augenblick durchdringen und einen Blick in die anderen Welten erhaschen.

Einatmen/Ausatmen, Licht/Dunkel, Bewegung/Ruhe, Männlich/Weiblich, Himmel/Erde – zwischen diesen Polen spannt sich unser Leben auf. Schwellensituationen und Schwellenzeiten ermöglichen es, in den Bereich einzutauchen, wo sich die Polaritäten berühren und kurz verschmelzen. Im Zwischenraum können wir das Jenseitige erahnen, das Feinstoffliche, das Göttliche, unsere Verbundenheit mit allen Welten. Es zieht uns dorthin, eine vage Sehnsucht nach Ganzheit lässt uns den Kontakt suchen. Doch gleichzeitig macht uns das Unbekannte, Unberechenbare, vielleicht auch Übermächtige Angst.

In den Zwölften haben wir feinere Antennen. Alles kann plötzlich bedeutungsvoll erscheinen, wie ein Zeichen aus anderen Welten. Weil wir empfänglicher sind, heißen die Raunächte auch Losnächte, von ahd. *losen* = »lauschen«. Wenn wir lauschen, hören wir, was uns sonst verborgen bleibt.

>**»Atme, und du weißt:**
>**Du bist lebendig.«**
>Annabel Laity

❋ Meditation über Zwischenräume

Gönnen Sie es sich in dieser Zeit zwischen den Jahren ab und zu, sich in die Zwischenräume zu versenken. Die Zwischenräume zwischen Ein- und Ausatmen, die Räume, die sich im Körper durch das Einatmen weiten, die Zwischenräume zwischen den Gedanken. Letztendlich besteht jedes Atom im Wesentlichen aus Zwischenraum. Es gibt also jede Menge Platz. Genießen Sie ihn und breiten Sie sich darin aus.

❋ Ritual: Die Schwelle überschreiten

Frühestens am Abend des 20. Dezember und spätestens am 24. Dezember nach Sonnenuntergang ist es Zeit, die Schwelle zu überschreiten und einzutreten in die Nicht-Zeit, die heilige Zeit. Sie können diesen Moment mit einem Ritual feiern. Hier ein Vorschlag, den Sie nach Belieben variieren können:

Richten Sie sich für die Raunächte einen schönen Platz zum Meditieren und Träumen her und versehen Sie ihn mit einer symbolischen Torschwelle aus einer Linie mit zwei seitlichen Polen oder Torpfosten (vielleicht zwei Kerzen oder schönen Steinen), die die Polaritäten von Sein und Nichtsein, Geburt und Tod, Himmel und Erde, Männlich und Weiblich repräsentieren.

Um dieses Tor auch innerlich zu durchschreiten, gilt es, das gewöhnliche, urteilende Ich so weit wie möglich zurückzulassen und sich auf eine unbekannte Art des Seins einzulassen. Sie brauchen nicht zu wissen, wie das geht; die Absicht, sich einer unbekannten Sicht auf die Realität zu öffnen, ist entscheidend. Wenn alles vorbereitet ist, gönnen Sie sich einen Moment der inneren Sammlung. Trinken Sie zur Einstimmung vielleicht einen Holunderblütentee oder heißen Holundersaft. Nehmen Sie sich Zeit, sich in Ihre Körperwahrnehmung hinein zu entspannen und die Erde zu spüren, die Sie trägt. Reinigen Sie sich mit Rauch. Verbinden Sie sich mit Ihrer Absicht für dieses Ritual und treten Sie dann symbolisch über die Schwelle an Ihren Platz. Setzen Sie sich hin und lauschen Sie eine Weile auf die innere Bewegung oder die innere Stille. Vielleicht möchten Sie beten, die Geistwesen begrüßen, die Ihnen nahestehen, oder Ihre Absicht für die Zwölften weiter klären. Folgen Sie Ihrer Intuition, Ihrem Traumkörper. Er wird Sie durch diese Zeit leiten.

CHRONOS UND KAIROS

Die Raunächte vermitteln uns altes Wissen über die unterschiedlichen Qualitäten von Zeit. Wir können sie vielleicht als eine Art »Ruhetag« des ganzen Jahres betrachten. Die moderne Medizin hat erkannt, wie wichtig Rhythmen für Körper und Psyche sind. Ein ausgewogenes Verhältnis zwischen Anspannung und Entspannung ist die Basis für geistige und körperliche Vitalität. Die Zwölften erinnern uns daran, dass jetzt die ideale Zeit ist, um aus Chronos, der linear verlaufenden Zeit, herauszutreten und unsere Wahrnehmung auf Kairos zu lenken, den rechten Zeitpunkt, den günstigen Moment. Was ist der Zeitqualität dieser Tage und Nächte angemessen?

Wahrzunehmen, was gerade ansteht, und es dann auch zu tun – darum geht es ganz wesentlich im Märchen von Frau Holle: die Frucht ergreifen, wenn sie reif ist, das Brot aus dem Ofen holen, wenn es fertig ist. Vielleicht können wir in dieser Zeit, die unter ihrem Schutz steht, unser Gespür für den rechten Augenblick wieder stärken.

> »In der Ewigkeit ist fürwahr etwas Wahres und Erhabenes. Aber alle diese Zeiten, Orte und Gelegenheiten sind jetzt und hier. Gott selbst kulminiert im gegenwärtigen Augenblick und wird nicht göttlicher sein im Verlaufe aller Äonen.«
>
> Henry D. Thoreau

ANHALTEN – INNEHALTEN – ZU SICH KOMMEN

» Wer innehält – erhält inneren Halt –
und bleibt sich selbst erhalten.«

Laotse

Anhalten – innehalten – zu sich kommen: Am absoluten Ruhepunkt des Jahreskreises unterstützt uns die kosmische Energie so intensiv wie zu keiner anderen Jahreszeit darin, in die Stille zu gehen.

Doch wie geht das? Hilfreich sind Anker, die uns daran erinnern, anzuhalten und uns unseres Atems und unseres Tuns bewusst zu werden. Kirchenglocken können eine schöne, klingende Aufforderung sein, ein paar Atemzüge lang innezuhalten. Diese Inspiration kommt von dem buddhistischen Lehrer Thich Nhat Hanh. Gute Momente, um ein paarmal tief ein- und auszuatmen, bevor man zu sprechen oder zu laufen anfängt, sind jedoch auch dann gegeben, wenn das Telefon klingelt oder die Ampel auf Rot schaltet.

Anhalten – innehalten – zu sich kommen: Versuchen Sie, die Zwölften zu nutzen, indem Sie einen Tag lang ohne Uhr und vorgefasste Konzepte leben. Nur aus dem Augenblick heraus. Drehen Sie die Küchenuhr um, legen Sie den Wecker in eine Schublade und leben Sie in den Tag hinein. Auch die kurze

Ausstiegsvariante – eine Viertel- oder halbe Stunde irgendwo still sitzen oder liegen und nichts tun – ist für Psyche und Körper enorm erholsam.

Anhalten – innehalten – zu sich kommen: Licht belebt, Dunkelheit beruhigt – was viele jedoch nicht nur angenehm finden. Licht produziert im Gehirn Serotonin: Es macht aktiv und glücklich. Weil wir uns daran gewöhnt haben, ständig aktiv zu sein, fehlt uns das Licht im Winter besonders, auch weil wir so viel Zeit in geschlossenen Räumen verbringen. Es ist jedoch wissenschaftlich erwiesen, dass eine halbe bis eine Stunde im Freien reicht, um den Stimmungspegel spürbar anzuheben. Eine halbe Stunde entspanntes Spazierengehen, wobei wir unsere Aufmerksamkeit auf den Atem oder ein meditatives Thema richten, kann selbst bei ungemütlichem Wetter eine erholsame, beruhigende Erfahrung sein. (Siehe auch »Meditative Spaziergänge«, S. 101.)
Bewusst atmen, die Schritte verlangsamen, den Blick ruhen lassen, das Gedankenkarussell stoppen. Dafür ist die Zeit zwischen den Jahren wunderbar geeignet, weil wir freier sind, unser eigenes Tempo zu finden und unseren Rhythmus zu leben, mit den Ruhephasen, die wir brauchen.

Anhalten – innehalten – zu sich kommen: Bietet sich Ihnen eine gute Zeit dafür in diesen Tagen? Wo können Sie sich Inseln der Ruhe schaffen? Probieren Sie es aus.

STILLE

»Sei einfach still.
Lass nur den Geist in die Stille fallen.
Das genügt.«
Sri H.W.L. Poonja

»In der Stille kommst du nach Hause.«
Joachim-Ernst Behrendt

In früheren Zeiten war Stille vermutlich der Normalzustand. Ein Geräusch, das die Stille durchbrach, zog die Aufmerksamkeit sofort auf sich. Heute ist die Stille das Besondere geworden, das uns »aufhorchen« lassen sollte. Doch die Stille ist inzwischen vielen unheimlich. Sie schalten morgens gleich das Radio an, setzen in der S-Bahn Kopfhörer auf und lauschen abends dem Nachrichtensprecher. Es scheint, als würden wir alles dafür tun, keine Stille zu erleben.

Aber Stille ist immer da. Auch unter dem lauten Geräuschteppich der Großstadt liegt eine unendliche Stille, die alles umgibt und Balsam ist für die Seele. Die Frage ist: Worauf richten wir unsere Aufmerksamkeit?

❄ Meditation: In die Stille gehen

Eine Klangschale kann Sie gut darin unterstützen, in die Stille zu kommen. Sie können diese Meditation auch als Einstimmung für ein Ritual oder für eine besinnliche Stunde in Gemeinschaft verwenden. Besonders entspannend ist es, sich die Klangschale im Liegen auf die Brust zu stellen. Gönnen Sie sich einen Moment der Sammlung. Schlagen Sie dann die Klangschale an und lauschen Sie mit entspannter Aufmerksamkeit dem Verklingen des Tons nach, bis Sie nichts mehr hören. Lauschen Sie auch nach dem Verklingen noch weiter in die Stille hinein. Wenn Gedanken auftauchen, schlagen Sie wieder die Schale an und lauschen, wie der Ton verklingt. Lassen Sie sich so allmählich in die Stille gleiten. Nach einer Weile werden die Abstände zwischen den Tönen vielleicht größer werden. Genießen Sie die Stille.

Es wächst viel Brot in der Winternacht

Es wächst viel Brot in der Winternacht,
weil unter dem Schnee frisch grünet Saat,
erst wenn im Lenze die Sonne lacht,
spürst du, was Gutes der Winter tat.

Und deucht die Welt dir öd' und leer,
und sind die Tage dir rau und schwer:
Sei still und habe des Wandels acht:
Es wächst viel Brot in der Winternacht.

Friedrich Wilhelm Weber

Sich der Dunkelheit anvertrauen

»Geheimnis und Erscheinungsformen
entspringen aus derselben Quelle.
Diese Quelle bezeichnet man als Dunkelheit:
Das Dunkel inmitten von Dunkelheit,
das Tor zu allem Verstehen.«

Laotse

Waren Sie schon einmal mitten im Winter nachts im Wald unterwegs? Es kann ganz schön dunkel sein. Die Füße tasten über den hart gefrorenen Boden, vielleicht knistert stellenweise dünnes Eis unter Ihrem Gewicht. Der Weg ist mehr zu ahnen als zu sehen. Selbst wenn wir ihn tagsüber schon etliche Male gegangen sind und wissen, dass hier keine Abgründe lauern, erfordert jeder Schritt ins Dunkle ein bisschen Mut, ist ein bewusster Akt. Wenn der Wind weht, bringt er die Bäume zum Ächzen und Singen und streicht uns wie mit Fingern übers Gesicht. Rauschend, knarrend, stöhnend tönt es aus der Finsternis. Es ist schaurig-schön und ein bisschen unheimlich. Die Zeit der Raunächte ist die geheimnisvollste Zeit des Jahres. In unseren Städten versuchen wir das Unheimliche, das die Dunkelheit mit sich bringt, mit einem Meer von hübschen Lichtern zu bannen. Doch wer sich traut, auf dem Land ohne Straßenlaternen und Autoscheinwerfer loszulaufen, kann das Große spüren, das uns einhüllt.

❄ **Anregung: Nachtspaziergang**

Genießen Sie einen Nachtspaziergang in der Natur. In der freien Landschaft, bei zunehmendem Mond und um Vollmond, bei klarem oder leicht bewölktem Himmel können Sie in der ersten Nachthälfte auch gut ohne Taschenlampe gehen, das Mondlicht genügt. Gehen Sie in Ruhe und genießen Sie die Nacht in ihrer Erhabenheit und Schönheit.

DIE MITTERNACHT DES JAHRESKREISES

»Der Weg durch die Nacht in ein neues Jahr ergreift
uns deshalb so elementar, weil er etwas an sich
hat von dem großen Übergang von der Zeit in die
Ewigkeit.«

Jörg Zink

Die Raunächte haben eine besondere Qualität. Sie sind wie
die Mitternacht des Jahreskreislaufs. Und so wie die Stunde
nach Mitternacht als Geisterstunde gilt, in der die Grenzen
zwischen den Welten der Lebenden und Toten verschwim-
men, so stehen auch in den Raunächten die Türen in die
Anderswelt offener als im restlichen Jahr. Die Ewigkeit weht
uns an. Ganz besonders deutlich ist dies um Mitternacht zu
spüren.

Der eigentliche Zauber der Raunächte liegt in der Dunkelheit.
Gleichzeitig sind wir um diese Jahreszeit sehr auf das Licht
fixiert. Kaum fängt es an zu dämmern, schalten wir die Lam-
pe an. Ein Knips, fertig. Doch was bedeutet es für unsere In-
nenwelt, wenn wir uns der Dunkelheit nicht mehr aussetzen?
Traditionell steht das Dunkle unter anderem für das Weibliche, das Empfängliche, den Mutterschoß. Die Dunkelheit zu
verdrängen bedeutet also auch, sich dem Weiblichen, Emp-
fänglichen zu verschließen. Das Dunkle macht uns Angst. Wir

fürchten uns vor dem Unbekannten, vor Kontrollverlust, vor dem Verschwinden, vor dem Tod um so mehr, je weniger wir an wohlwollende größere Kräfte glauben. Doch im Wilden, im Schatten, im Geleugneten und Verdrängten liegt zugleich das unentwickelte Potenzial, die Kraft, die mit der ganzen Wirklichkeit verbindet und den vollständigen Menschen schafft.[5]

»Am Anfang war die Nacht...«, heißt es in den orphischen Schöpfungsmythen. Die Dunkelheit ist das Ewige. Alles hat im Dunklen seinen Ursprung. Pflanzen keimen im Dunklen. Mensch und Tier entstehen in der Dunkelheit des Mutterleibs. Erde, Wasser und Dunkelheit bilden den Urgrund der Schöpfung.

Was in der Dunkelheit des Winters zu wachsen beginnt, zeigt sich im Frühling in der Welt. Die Göttin Persephone trägt mit den Samen der Granatapfelkerne in ihrem Bauch das Wissen um die fruchtbare Dunkelheit der Unterwelt mit in die Oberwelt.

Doch die Wandlung, die sich in der Dunkelheit vollzieht, bleibt Mysterium. Woher kommt Leben? Wie entsteht aus unbelebter Materie ein lebendiges Wesen? Der eigentliche schöpferische Moment entzieht sich unserem Zutun.

Gleichzeitig gehen wir nicht als unbeschriebenes Blatt in diese Dunkelheit. Unsere individuelle und kollektive Geschichte hat uns an das Ufer des gegenwärtigen Augenblicks gespült und uns zu dem gemacht, was wir heute sind. Was davon wollen wir in den nächsten Lebenszyklus mit hineinnehmen, und was verwerfen wir? In welchen Humus wollen wir unsere Samen säen?

❄ Meditation: Dunkelheit

Mit offenen Augen in absoluter Dunkelheit zu meditieren ist eine ganz eigene, sehr entspannende Erfahrung. Versuchen Sie, sich eine Situation zu schaffen, in der Sie in die Dunkelheit schauen können, vielleicht mit einem leichten, dicht gewebten Tuch über dem Kopf oder im fensterlosen Badezimmer. Lassen Sie die Dunkelheit auf sich wirken, lassen Sie sie auf sich einströmen. Erde, Dunkelheit und Wasser sind der Urgrund der Schöpfung, die Mutter von allem, der ursprüngliche Schoß. Spüren Sie, wie Sie das mütterliche Dunkel schützend einhüllt. Sie sind immer darin geborgen.

❄ Traumreise: Gold schöpfen

Gehen Sie an dem Fluss Ihres Lebens noch einmal den Abschnitt des vergangenen Jahres entlang. Das Wasser ist an verschiedenen Stellen flach und klar, sodass Sie auf den Grund sehen können. Finden Sie das Gold, das sich im letzten Jahr im Sediment Ihres Flusses angesammelt hat. Schöpfen Sie es und betrachten Sie es. Was wollen Sie mit dem Gold machen?

❄ Traumreise: Den Boden für das Neue bereiten

Um den Boden für das Neue zu bereiten, können Sie sich tief mit der Erde verbinden und dann Ihr Bewusstsein für das

öffnen, was Ihnen das letzte Jahr gebracht hat und was Sie in seiner Essenz ins nächste Jahr mitnehmen möchten. Vertrauen Sie auf Ihre Intuition. Vielleicht gab es herausragende Ereignisse, vielleicht aber auch eher subtile Entwicklungen. Stellen Sie sich vor, wie Sie die Essenz dieser Erfahrungen in der Schale Ihres Beckens sammeln – wie eine kostbare Blütenduftessenzen oder wie eine dunkel leuchtende, nahrhafte Substanz. All dies trägt zu dem Grund bei, auf dem Sie Ihr weiteres Leben aufbauen. Wenn sich etwas zeigt, was Sie nicht mitnehmen wollen, können Sie entweder die Essenz dessen, was Sie daraus gelernt haben, herausfiltern, oder Sie geben es in die Erde, auf dass sie es wieder in neutrale Energie umwandle.

Wenn Sie möchten, können Sie diese Reise in den nächsten Nächten mehrmals wiederholen. Sie können auch Ihrem Traumkörper den Auftrag geben, während Ihres Alltags im Hintergrund weiter zu ergründen, ob es noch Energien oder Erkenntnisse gibt, die Sie gerne bewusst mitnehmen oder loslassen wollen.

MUTTERNÄCHTE

»Nachdem die schwarze Urmutter-Göttin im Spätherbst die verstorbenen Wesen mit ihrem Totenumzug in die Unterwelt geführt hat, wandelt sie jetzt in ihrem Kessel-Schoß das Vergangene zu neuem Leben um. Sie braut, sie rührt, sie kocht, sie geht schwanger – eine dunkle Jahreszeit lang.«[6]

Je tiefer wir in das Mysterium der Raunächte eintauchen, desto mehr zeigt sich ihr mütterlicher Kern. Im Erzgebirge heißen diese zwölf Nächte »Mutternächte«, in Nordwestböhmen wurde der Heilige Abend »Mutternacht« genannt, und der hoch geachtete britische Historiker Beda aus dem 8. Jh. bezeichnet die Nacht vom 24. auf den 25. Dezember als »Modranicht«, das heißt Mütternacht, und als heidnischen Jahresanfang.[7]

In der tiefsten Dunkelheit des Jahres gebärt Mutter Erde das neue Licht. Die Raunächte stammen aus einer Zeit, in der das Mütterliche als der Urgrund aller Dinge galt. Die Nacht gebiert nach alter Vorstellung den Tag. In fast allen Kulturen beginnt die Schöpfung aus der Dunkelheit heraus. In diesem Sinne ist die Dunkelheit zutiefst fruchtbar.

Die Zwölften sind Frauenzeit. Es gehörte zu den herausragenden Merkmalen der in den Zwölften über Land ziehenden Holle, dass sie das Spinnverbot überwachte (siehe »Frau Holle und Frau Percht«, S. 45).
Das Spinnen war schon immer und überall reine Frauensache; über Jahrtausende hinweg war es die Hauptarbeit der Frauen im Winter. Spinnverbot bedeutete daher vor allem: innehalten. Zwölf Abende lang nichts tun. Vielleicht gar nicht so einfach in einer Zeit, in der Fleiß als wichtigste Tugend galt und die Frauen vom frühen Morgen bis zum späten Abend mit Haus-, Feld- und Handarbeiten beschäftigt waren.
Vielleicht war es das Stopp-Spiel: Rhythmisches Anhalten – innehalten – sich seiner selbst und des größeren Zusammenhangs bewusst werden.

Da Licht nur angemacht wurde, wenn man es brauchte, können wir uns vorstellen, wie die Frauen in der dunkelsten Zeit
des Jahres zwölf Nächte lang im dämmrigen Halbdunkel bei-
sammensaßen, nur vom Flackern des Herdfeuers beleuchtet.
Ob sie eine Weile brauchte, um in die Stille zu finden? Vielleicht wurde zuerst noch gekichert, geschwatzt und gesungen, und erst langsam, am dritten oder vierten Abend, kamen
die Gemüter mehr zur Ruhe, und Frieden zog ein.

Die Zwölften bieten uns Gelegenheit, in ein »matriarchales
Bewusstsein« einzutauchen, in eine innere Haltung, deren
höchste Werte Weisheit und Wachstum, Beziehung und Gemeinschaft sind. Es »trennt nicht Außen und Innen, Körper
und Seele, Natur und Geist. Es ist dem stillen Werden an-
heimgegeben, der Schwangerschaft alles wirklich Schöpferi-
schen«, schreibt der Theologe Paul Schwarzenau[8]. Wir haben
jahrtausendelang in diesem Bewusstsein gelebt. Vielleicht
gelingt es uns heute, nachdem wir den Weg des patriarchalen
Bewusstseins bis kurz vor die Wand gegangen sind, ein neues Gleichgewicht zwischen dem weiblichen und männlichen
Prinzip zu finden. Die Zwölften könnten eine Zeit sein, dem
nachzuspüren.
Wie können wir zum Beispiel unsere Bedürfnisse nach in-
dividueller Selbstbestimmung und Entfaltung mit unserem
Wunsch nach Harmonie und gemeinschaftlicher Verbindung
zusammenbringen? Und welche neuen Wege können wir auf
kollektiver Ebene erträumen?

D'wuide Jagd

Wann's draußen wedert und schneigt
Und da Wind jagt an Schnee
Dass koa Graserl mehr bleibt
Für de Has'n und Reh,

Und so finster kimmt d' Nacht
Und da Hund sträubt sei Fell,
Weil vor'mn Fenster wer lacht
Wiar am Gankerl sei Gsell,

Nacha woaßt aa scho gnua:
Geh koan Schritt mehr vor's Haus
Und mach d'Fensterlaa'n zua
Und lösch d'Liachta gschwind aus!

Dauerts gar nimma lang,
Nacha hörst, wia wer ächzt,
Und es werd da so bang
Und an Rab hörst, der krächzt.

Und na donnerts daher,
Dass di's Grausen opackt
Wia des wuid-wuide Heer
Üban Tannawald jagt!

Halt de mucksmäuserlstaad
Und an Weichbrunn nimm schnell!
Aber kimm fei net z'spaat,
Sinst waars gschehng um dei Seel!

Wiehern Roß, wiehern Gäul
Und de Jaaga, deselln
Is koa Dachfirst net z'steil,
dass s'net ummi rebelln!

Auf oamoi is a Ruah –
Und so leicht werd dag lei
Und bald d'iatza auf d'Uhr
Schaugts, is's Zwölfe vorbei.

Herbert Schneider

Die Anderswelt der Raunächte

Jedem, der sich ein wenig auf die Verbindungen zwischen Spiritualität und Natur einlässt, erschließt sich die besondere energetische Qualität der Raunächte unmittelbar. Es ist spürbar, dass diese Zeit uns still werden und in die eigene Tiefe sowie in die Höhe kosmischer Sphären eintauchen lässt, wenn wir uns dafür öffnen.

Doch wie geht das zusammen mit dem Brauchtum und den Volkssagen? Mit Perchtenmasken, Lärmumzügen und Vermummungen und mit Sagen über das unheimliche Wilde

Heer? Vieles ist sicherlich zu abergläubischem Hokuspokus und touristisch vermarktbarem Mummenschanz geworden. Gibt es dennoch einen mythischen Kern, der uns auch heute noch berühren und uns helfen kann, diese Zeit als sinn- und wertvoll zu erfahren?

Drei Elemente prägen die Geistwelt der Zwölften besonders: die mächtige Gestalt von Frau Holle/Frau Percht; das Wilde Heer, das auch als Wilde Jagd, Wütendes Heer, Wotans Heer oder Totenheer auftritt; sowie die Vermummungen, Lärmumzüge und Maskenläufe.

FRAU HOLLE UND FRAU PERCHT

»Wenn nun aber Frick oder Freya, wie Holle und Perchte sich als einstmals mächtige Göttinnen erweisen oder auf eine einzige große Göttinnengestalt hinweisen, die sowohl in den Höhen der Berge wie auch in den Tiefen unter den Brunnen lebt, über Fruchtbarkeit, Geburt wie Tod herrscht, als die Spinnerin das ganze Gewerbe des Spinnens und Webens segnet und zugleich als Schicksalsspinnerin die Fäden anknüpft und durchschneidet, wozu noch ihre seherische Gabe und ihr Wissen um die rechte Zeit kommt, um die Stunde, die geschlagen hat, und um die Zukunft, die sich in der Gegenwart aufspult – so ist zu fragen: Wer sollte eigentlich noch über ihr stehen? Selbst von Odin, dem Göttervater, wird sie um Rat angegangen.«[9]

Sie wird Fru Gode, Frau Wode, Frau Harke, Frau Free, Frigg, Frick, Holda, Hulle, Berchta, Perchta, Berchtl und Weiße Frau genannt. Am bekanntesten ist sie jedoch als Frau Holle und Frau Percht.

»Holle« bedeutet »die Helle, Holde«, aber auch »die Verhehlte, Verbergende«; »Percht« ist »die Glänzende, Prächtige, Strahlende«, aber auch »die Verborgene«. Frau Holle / Percht ist also eine ambivalente Gestalt. Sie hat eine helle, fruchtbare, segenspendende Seite, in der sie als große, schöne, weißgewandete Frau erscheint, doch sie kann auch dunkel, gefährlich und strafend als hässliche Alte mit wirrem Haar, großen Zähnen oder großer Nase auftreten. Wobei manchmal auch die Große, Helle gefährlich und die Dunkle, Hässliche segenbringend sein kann. (Frau Percht zeichnet sich oft durch eine besonders große Nase aus, die sogar zu einem Schnabel werden kann. Die Göttin mit der Vogelmaske ist ein uraltes Motiv, dass sich bis weit in die Steinzeit zurückverfolgen lässt.)

Diese göttinnenhafte Gestalt ist zwar das ganze Jahr über wirksam, erscheint den Menschen jedoch hauptsächlich in den Raunächten und fährt dabei oft in einem Wagen über Land oder durch die Lüfte. Sie kann mit lärmendem Getöse einherbrausen oder sich durch überirdisches Glockenspiel ankündigen. Sie hat keine feste Wohnstatt, aber manche Brunnen, Teiche und Quellen gelten als Zugänge in ihr Reich. Vielerorts gelten auch Berge als ihr Ort, wie der Harkeberg im Havelland, der Hörselberg bei Eisenach oder der Hohe Meißner bei Kassel.

Trude Fribus: Frau Holle lässt ihren Wagen verkeilen.
Gouache, 1955 (Städtische Museen Bad Oeynhausen)

Vor allem schaut sie nach den Frauen, und diese decken ihr in den Zwölften den Tisch und stellen ihr Nahrung hin.
Aber auch Männer sind einbezogen, schütteln z. B. in den Raunächten die Obstbäume und rufen sie dabei um Segen an, dürfen ihr den Wagen reparieren und bekommen als Lohn Holzspäne, die sich später in Gold verwandeln, oder beschwören ihren Segen mit Glockengeläut, Masken und Sprüngen.

Häufig besucht sie als arme, alte Frau die Menschen und prüft deren Herzen. Wer sich als gutherzig und großzügig erweist, dem ist von da an das Glück hold. Ihre besondere Fürsorge gilt den Armen. Manchmal kommt sie mit einem Gefolge dienstbarer Geister daher, den Holden oder Perchten.

Sie ist auch Seelenführerin. Frau Holda, die »Göttin« der Raunächte, hütet sowohl die Seelen der Toten als auch die der Ungeborenen – was in der alten Vorstellungswelt dasselbe ist. Man glaubte, in den Neugeborenen kommen die Seelen der Ahnen wieder. (Das ahd. Wort *enichlin,* aus dem später das Wort »Enkel« wurde, bedeutet »kleiner Ahne«.[10]) Und sie kommen aus der Dunkelheit – aus Brunnen, Teichen, Berghöhlen, aus hohlen Tannen, manchmal auch unter großen Findlingen – hervor und werden von der Weißen Frau umhergeführt und »an die Frau« gebracht. »Man sagt darum: Wenn eine Frau schwanger werden will, soll sie zu Mittwinter ein Stück Zucker aufs Fensterbrett legen. Dann wird eine Seele ins Haus einkehren!«[11] Oder sie badet im Holleteich auf dem Hohen Meißner. Nach dem Duden-Herkunftswörterbuch ist das Wort »Seele« wahrscheinlich eine Ableitung von dem Wort für »See« mit der Grundbedeutung »die zum See Gehörende«.

Frau Percht erscheint oft mit den sogenannten Heimchen, etwa zwei Fuß hohen, zarten Wesen, die als die Seelen der früh verstorbenen Kinder gelten und gleichzeitig etwas Elfenhaftes haben.

Frau Holda/Percht tritt vielfach auch als Hüterin der Spinn-stuben auf. Wieso wacht eine so umfassend wirkende Gestalt über eine Tätigkeit, die uns heute nebensächlich erscheint? Wir können die Zusammenhänge nur vermuten. Spinnen war seit jeher in allen Kulturen Frauenarbeit. Und Spinnen war Magie. Frauenmagie. Wie Brauen, Brotbacken und viele andere häusliche Tätigkeiten. Spinnen war die typische Win-terarbeit der Frauen. Sie trafen sich an den langen Abenden in Spinnstuben, vielleicht um Heizmaterial und Licht zu spa-ren, vielleicht aber auch, weil sie hier unter sich waren. Beim Spinnen wurde erzählt, gesungen, Frauenwissen von Gene-ration zu Generation weitergegeben, es wurden Späße ge-trieben, derbe Witze erzählt, offenbar auch getanzt, wie wir aus kirchlichen Verunglimpfungen der Spinnstuben wissen. Alle Frauen des Hofes oder des Dorfes waren versammelt, vom Kind bis zur Alten, von den Mägden bis zur Hausherrin. Wer die Spinnstuben überwachte, hütete die Gemeinschaft der Frauen und ihr Wissen. Diese Solidarität der Frauen und ihr Wissen waren für den Fortbestand des Hauses und der Sippe entscheidend wichtig. Hier wurden die Seelenfäden angeknüpft und weitergesponnen, hier wurde das Wissen da-rum bewahrt, wie neue Seelen eingeladen und in diese Welt geholt werden können.

Als Weiße Frau zeigt sich Frau Holle/Percht besonders deut-lich als Herrin des Seelenreichs. Weiß steht für das Absolu-te, für Vollkommenheit, für die Vereinigung von Anfang und Ende, Fülle und Leere, Reinheit und Jenseitigkeit. Weiß ist in vielen Kulturen mit dem Lebensanfang (Tauf- und Kommunionskleider, Hochzeit) und dem Lebensende (Totenhemd, Leichentuch) verbunden.

Als Hüterin von Frau Holdas Brunnen begegnen wir manchmal einer goldäugigen Kröte oder einem sprechenden Frosch. Auch Adebar Storch (Adebar = germ. Glücksbringer) gehört zu ihr, der mit seinem langen Schnabel die Kindlein aus ihren Brunnen und Teichen holen kann. Und der Seelenvogel Gans, dessen Federn sie im Winter über die Erde fliegen lässt.

Die heiligen Pflanzen der Holle sind vor allem Holunderbüsche, Wacholder, Apfelbäume und Beifuß. Der klassische Gänsebraten mit Apfel, Wacholder und Beifuß ist also eigentlich ein rituelles Festessen zu Ehren der Frau Holda.

❄ Traumreise: Im Reich von Frau Holda

Eine Reise in das Reich von Frau Holda kann Sie darin unterstützen, sich mit der besonderen Zeitqualität der Raunächte zu verbinden und diese göttinnengleiche Gestalt um persönliche Zeichen und Botschaften zu bitten:

Schaffen Sie sich einen besinnlichen Raum, um zur Ruhe zu kommen, sich zu sammeln und sich mit der Erde und dem Himmel zu verbinden. Sie können mit Wachholder räuchern oder langsam und bewusst eine Tasse Holunderblütentee oder heißen Holundersaft trinken, um sich auf Frau Holda einzustimmen.

Spüren Sie, wie Sie mit der Erde unter Ihrem Körper verbunden sind, und schließen Sie die Augen. Richten Sie Ihren Fokus nun darauf, Frau Holda, die große Hüterin der Zwölften, in ihrem Reich zu besuchen. Bitten Sie sie, Ihnen einen Zugang zu ihrem Reich zu zeigen: einen Brunnen, einen Teich, eine Höhle, eine hohle Tanne oder irgendeine Öffnung in die untere Welt. Gehen Sie durch die Dunkelheit hinab, bis Sie in ihre Welt gelangen. Wie im Märchen wird Frau Holda Ihnen durch Zeichen den Weg weisen. Folgen Sie den Zeichen und erspüren Sie die dahinterliegende Botschaft: Wozu fordern Sie die Dinge auf, die sich Ihnen zeigen? Lassen Sie sich mit der kindlichen Unbefangenheit eines reinen Herzens darauf ein, was Ihnen begegnet. Nach einer Weile kommen Sie vielleicht zu Frau Holda selbst. Wie zeigt sie sich Ihnen? Worum bittet sie Sie im kommenden Jahr? Was schenkt sie Ihnen für das kommende Jahr?

DAS WILDE HEER

»Ho ho ho, aus dem Weg, damit keiner zu Schaden kommt!«, ertönt der Ruf des Treuen Eckhardt, der in Thüringen dem Wilden Heer vorausgeht und die Menschen vorwarnt. Mit wütendem Geheule braust der Geisterzug heran, man hört Pferde wiehern und Peitschen knallen und Jagdrufe. Es wird jedoch auch von engelhafter Musik und hellen Flötentönen berichtet.

Wenn sich der Geisterzug unter Lärmen, Stöhnen, Hufschlag und Hundegebell ankündigt, heißt es in manchen Gegenden, alle Fenster, Türen und Luken zu schließen, damit der Wilde Zug nicht durchs Haus stürmen kann. In anderen hingegen hält man Haus und Hof absichtlich offen, denn wer dem Wilden Heer die Tenne verschlösse, dem würde sie eingerannt.

Im Wurzacher Ried, einem Hochmoor bei Ulm, hörte ein Hirtenbub auch einmal das »Muetesheer«, wie es dort heißt. »Es sei gewesen, wie wenn hundert Kuhglocken hoch in der Luft läuten. Bald klang's wie wunderschöne Musik, dann wieder war es ein fürchterlicher Lärm.«[12]

Die Urgewalt des alten germanischen Wodansheers (aus dem dann das Wuote Heer → das Wütende Heer → das Wilde Heer, die Wilde Jagd wurde) hat sich möglicherweise mit der in der antiken Welt verbreiteten Vorstellung eines grausigen, zu ewiger Unruhe verdammten Totenheers vermischt. Die meisten Berichte über das Wilde Heer sind furchterregend, und doch galt es gleichzeitig als segensreich, wenn das Wilde Heer übers Land zog. Toten- und Fruchtbarkeitsglaube waren damals untrennbar miteinander verknüpft.

Als Anführer des Heeres oder als der große Jäger kommt meistens Wodan angeritten, oft auf seinem achtbeinigen Schimmel Sleipnir, dessen tropfender Speichel dabei die Erde befruchtet. Wo er hinfällt, wachsen neun Monate später die Fliegenpilze.[13]

In manchen Überlieferungen führt jedoch Frau Harke, Frau Gode oder Frau Holle das Heer an. So meinte man, im Zucken der Blitze im Sturm die fliegenden und wirbelnden

Haarsträhnen der Sturmfrau, den sogenannten Hollezopf, zu erblicken.

In vielen Schilderungen spielt der Wind eine entscheidende Rolle. Er liefert vielleicht einen Schlüssel zum Verständnis des Wilden Heers. Wenn jemand seinen letzten Atemzug tut, sagen wir auch heute noch manchmal, er haucht seine Seele aus. In der alten Zeit glaubte man, die körperlos gewordene Seele in bewegter Luft zu spüren, und im Heulen des Sturms meinte man, ein vorüberziehendes Seelenheer zu erkennen.

Ursprünglich kündigte das Wilde Heer, angeführt von Frau Holle oder Frau Percht, wahrscheinlich den segenbringenden Besuch der Ahnen an. Je mehr im Laufe der Jahrhunderte Kriege, Gewalt und marodierende Räuberhorden das Leben der Menschen prägten, wurde aus dem Fruchtbarkeit bringenden Seelenheer zunehmend ein Heer der gefallenen Krieger, die natürlich unter einem männlichen Heerführer durch das Land tobten. Als im Mittelalter Teufelsglauben und Dämonenfurcht ihren Höhepunkt erreichten, hetzte, heulte und wütete im Wilden Heer dann eine grausige Schar aus Gefallenen, Mordopfern und Verbrechern durch die Winternächte.

Doch das Empfinden für den alten Segen, den es einst brachte, hat sich untergründig erhalten. Wo das Wilde Heer entlangzieht, sagte man, wird im nächsten Jahr das Getreide höher stehen. Wer einen der Hunde bis zum nächsten Jahr durchfüttert, die die Wilde Jagd manchmal verliert, oder eines der Pferde beschlägt, der wird reichlich entlohnt, oft mit Gold, manchmal auch mit Wohlstand und Glück.

In einer Sturmnacht

Es fährt der Wind gewaltig durch die Nacht,
In seine gellen Pfeifen bläst der Föhn.
Prophetisch kämpft am Himmel eine Schlacht
Und überschreit ein wimmernd Sterbgestöhn.

Was jetzt dämonenhaft in Lüften zieht,
Eh das Jahrhundert schließt, erfüllt's die Zeit –
In Sturmespausen klingt das Friedelied
Aus einer fernen, fernen Seligkeit.

Die Ampel, die in leichten Ketten hangt,
Hellt meiner Kammer weite Dämmerung.
Und wann die Decke bebt, die Diele bangt,
Bewegt sie leise sich in sachtem Schwung.

Mir redet diese Flamme wunderbar
Von einer windbewegten Ampel Licht,
Die einst geglommen für ein nächtlich Paar,
Ein greises und ein göttlich Angesicht.

Es sprach der Friedestifter, den du weißt,
In einer solchen wilden Nacht wie heut:
»Hörst, Nikodeme, du den Schöpfer Geist,
Der mächtig weht und seine Welt erneut?«

Conrad Ferdinand Meyer

PERCHTENLÄUFE, LÄRMUMZÜGE
UND MASKENTANZ

Trotz aller Ahnenverehrung fürchten sich die Menschen seit jeher vor den Toten. Unbewusst haben wir Angst, der Tod könnte vorzeitig nach uns greifen, wenn wir uns zu intensiv mit ihm beschäftigen und ihm zu nahe kommen. Diese Urangst ist der Kern vieler Abwehrzauber und -bräuche, die während des Mittelalters ungeheure Ausmaße annahmen. Doch je mehr das Dunkle als das Böse abgespalten und verdrängt wurde, desto unheimlicher, gefährlicher und hemmungsloser schien es zu wirken.

Die Masken, Lärmumzüge und Vermummungen der Zwölften sind in diesem Sinne sicher auch Abwehr- und Schutzmagie.

In Süddeutschland und im Alpenraum haben die alten Bräuche in letzter Zeit wieder viel Aufmerksamkeit erhalten und sind an manchen Orten zur Touristenattraktion geworden. Totenfratzen und Naturgeisterdarstellungen, Teufelsgestalten und merkwürdige Halbwesen wie die traditionelle Habergeiß ziehen durch den Ort. Schöne, segenbringende Perchten gehören genauso dazu wie furchteinflößende Perchten, die sogenannten »Schiachen« (bayr./österr. für »hässlich, ungut«, früher auch für etwas, das man scheut, weil es Angst macht). Das Springen und Stampfen der Perchten, hieß es, soll die Samen in der Erde aufwecken. So hoch wie die Perchten springen, so hoch wächst das Getreide oder der Flachs im nächsten Jahr. Die schrecklichen Fratzen sollen die Wintergeister vertreiben und vielleicht auch helfen, Ängste zu bewältigen, indem man ihnen eine hässliche, furchteinflößende Gestalt gab und sich dann selbst hineinversetzte.

Heute fürchten wir uns zwar nicht mehr vor Nebelfrauen und Moosweiblein, Werwölfen und Teufeln. Dafür kämpfen wir mit anderen Dämonen, die uns bedrücken, besetzen und beängstigen. Gier, Sucht, Stress, Zweifel und Einsamkeit sind die Dämonen der Moderne. Sie legen sich uns auf die Seele wie früher die Druden, die den Menschen die Luft zum Atmen nahmen. Sie hetzen uns durchs Leben und rauben uns nachts den Schlaf.

❈ Anregung: Schön und schiach

Wie sieht Ihre schöne, segensreiche und wie Ihre schiache, hässliche Seite aus? Malen oder bauen Sie sich jeweils eine Maske. Was fürchten Sie in sich; was wollen Sie nicht wahrnehmen? Vielleicht widerspricht es Ihrem Selbstverständnis, Aggressionen zu zeigen, dann können Sie eine wütende Maske malen. Oder Sie neigen zu Suchtverhalten, dann könnte sich das in Ihrer schiachen Maske zeigen. Die Schiache steht für das, was wir abspalten wollen, was uns an uns selbst stört, was wir verdrängen.

Lassen Sie sich von Ihrer Intuition leiten und genießen Sie es, kreativ in diesen Teil von sich einzutauchen, so wie es die Perchtenläufer genießen, schaurig-lärmend-hässlich durch die Gegend zu springen. In diesem Aspekt der Polarität zeigt sich manchmal das verängstigte, verunsicherte Kind, das in unserem Erwachsenenleben keinen Platz mehr findet – aber sehr oft steckt darin auch die wilde, ungezähmte, urwüchsige Kraft unseres instinktiven Lebenswillens.

Und dann widmen Sie sich mit gleicher Hingabe Ihrer schönen Seite, Ihrem Strahlen, Ihrem selbstbewusst liebenden, sich freigiebig verschenkenden Gesicht. Wie sieht es aus? Geben Sie dieser Energie in sich Raum und verleihen Sie ihr kreativen Ausdruck.

Doppelgesichtige Perchten.
Foto links: kli-art / Klaus Klimmeck, Höhenkirchen
Foto rechts: Salzburger Rupertiperchten

Licht
ist
Liebe

Licht ist Liebe

Licht ist Liebe. Sonnen-Weben,
Liebes-Strahlung einer Welt
schöpferischer Wesenheiten –

die durch unerhörte Zeiten
uns an ihrem Herzen hält,
und die uns zuletzt gegeben

ihren höchsten Geist in eines
Menschen Hülle während dreier
Jahre: da Er kam in Seines

Vaters Erbteil – nun der Erde
innerlichstes Himmelsfeuer:
dass auch sie einst Sonne werde.

Christian Morgenstern

Das Mysterium der Geburt des Lichts

Das Licht, das in der Dunkelheit aufflammt, ist ein uraltes Symbol. Es bedeutet Leben, Hoffnung, Neubeginn. Es verheißt neue Energie, Orientierung, Wärme, neue Impulse. Deshalb berührt Weihnachten auch die, die sich vom christlichen Glauben längst gelöst haben.

Wenn das Licht die Dunkelheit plötzlich erhellt, entsteht ein ähnlich magischer Moment wie bei der Geburt eines Kindes. Das unergründliche Geheimnis des Lebens offenbart sich in der Welt. Das Leben geht auf neue Art weiter. Sowohl unsere

Sehnsucht nach Neuem als auch unser Bedürfnis nach Kontinuität werden darin erfüllt.

WINTERSONNENWENDE

Mittwinter: Die Sonne scheint kaum aufgegangen zu sein, da geht sie schon wieder unter. Die Tage sind kurz und oft trüb, manchmal brennt das elektrische Licht den ganzen Tag. Wenn wir Glück haben, glitzert draußen der Schnee. Oft aber ist es nur feuchtkalt. Wenn dann noch starker Wind dazukommt, flüchtet jeder in die warme Stube. So wie sich die Natur ganz und gar zurückgezogen hat, so stellt sich auch bei uns das Bedürfnis nach Ruhe und Rückzug ein.

Wintersonnenwende heißt auf Englisch *solstice* – Sonnenstillstand. Es ist, als würde die Sonne immer langsamer wandern. Um keine andere Jahreszeit erscheint diese lebenswichtige kosmische Bewegung so gefährdet wie während der Raunächte. Manchmal beschleicht uns die irrationale Angst, es könnte nie wieder hell werden.

Aber ist das überhaupt das Ende? Oder ist es nicht bereits ein Anfang? Tod und Wiedergeburt fließen in dieser Zeit unmittelbar ineinander. Sich darauf einzulassen ist ein Weg, in das große Geheimnis einzutauchen.

Erstaunlicherweise spielt die Wiedergeburt der Sonne aus der Dunkelheit in den Mythen und Gebräuchen um die Zwölften nur eine untergeordnete Rolle. Wir wissen zwar, dass sich das nordische Julfest um die Wintersonnenwende über mehrere Tage hinzog, doch die mythischen Inhalte dieser Feiern sind kaum überliefert. Die Sonne wurde in germanischer und keltischer Zeit durchaus verehrt, und die Sitte, von Frau Sonne zu sprechen, lässt auf eine alte kultische Verehrung schließen. In der Bronze- und Jungsteinzeit muss die Sonne erst recht eine große kultische Rolle gespielt haben, denn viele Großsteinanlagen sind auf die Sonnenwenden ausgerichtet, insbesondere auf die Wintersonnenwende.

Doch manches spricht dafür, dass die Sonne vielleicht nicht als etwas Eigenständiges, Gefährdetes betrachtet wurde, sondern als ein Gesicht jener Göttin, die uns auch in Frau Holda begegnet: Die Sonne ist bei uns weiblich; das Wort »Frau« im Namen »Frau Sonne« ist ein Titel, der auf Macht und einen hohen Stand verweist (gewöhnliche Frauen hießen »Weiber«); Frau Percht heißt »die Glänzende«. Frau Holle belohnt oft, indem sich gewöhnliche Gegenstände nach einer Weile in Gold verwandeln – Gold ist Sonnenkraft, am »Sonn«-Abend galt an manchen Orten Spinnverbot und er war Frau-Holle-Tag.

Vielleicht verstehen wir die alte Sichtweise besser, wenn wir die Wintersonnenwende als den Neumond des Jahreskreises betrachten: Die im Herbst gealterte Göttin des Lebens wird im Winter unsichtbar und erscheint dann Anfang Februar (zum keltischen Imbolc/Maria Lichtmess) wieder als weiß gewandete Frühlingsjungfrau mit dem Strahlenkranz. In der Zwischenzeit hütet sie unsichtbar die Arbeitsruhe, nimmt

Gaben entgegen, führt die Seelen über Land und segnet Mensch, Tier und Felder mit Fruchtbarkeit.

In alter Zeit galten die Sorge und das Feiern also vielleicht weniger der Sonne als vielmehr der Kontinuität des Lebens. Das Bedürfnis, die Wiedergeburt des Lichts in der Dunkelheit so stark in den Mittelpunkt der Aufmerksamkeit zu rücken, mag eher einer späteren psychischen Entwicklungsstufe des Menschen entsprechen.

❄ Meditation: Licht in der Dunkelheit

Diese Meditation für die Dämmerung oder Nacht lässt sich besonders schön in der Dunkelheit kurz vor der Morgendämmerung durchführen. Meditieren Sie zunächst eine Weile mit halb geöffneten Augen in der Dunkelheit oder im Dämmerlicht. Öffnen Sie alle Ihre Antennen für die Schönheit der Dunkelheit oder des Zwielichts. Spüren Sie, wie sie Sie schützend und bergend einhüllt, wie ein großer Mutterleib. Spüren Sie ihre Erhabenheit, ihre Ewigkeit, ihr Potenzial, ihre unendliche Bereitschaft, Altes in sich hineinsinken zu lassen und verwandelt als Neues hervorzubringen.
Wenn Sie dann in sich die Bereitschaft für das Neue, die andere Polarität spüren, entzünden Sie langsam und mit Bewusstheit eine Kerze als Licht der Liebe. Spüren Sie, was sich dabei in Ihnen verändert.
Schauen Sie ins Licht und genießen Sie seine Kraft. So wie in dieser Welt letztlich alles aus der Dunkelheit hervorgeht

und wieder in sie zurücksinkt, geht auf einer höheren Ebene alles aus dem Licht hervor und kehrt wieder ins Licht zurück. Spüren Sie, wie beides gleichzeitig wahr und gut ist.

EIN NEUER STERN GEHT AUF

> »Ein neuer Stern ist aufgegangen am Himmel, das bedeutet, ein neues Gottesbild ist aufgegangen und darin ein neuer Mensch.«
>
> Paul Schwarzenau

Zu der Zeit, aus der die Mysterien der Raunächte stammen, war die Mutter alles: Urgrund, Bezugspunkt, Anfang und Ende, Quelle allen Lebens. Die Rolle des Väterlichen war untergeordnet. Erst später hat sich offenbar ein Bewusstsein für das Spannungsfeld der Polarität entwickelt, für das Wechselspiel zwischen Sonne und Mond, Männlichkeit und Weiblichkeit, Vergänglichkeit und Ewigkeit. Die Menschen wuchsen aus der Verschmelzung mit der Großen Mutter heraus und fingen an, sich als etwas Eigenständiges zu begreifen. So entwickelte sich der Mythos des sonnenhaften Jahreskönigs, der – zur Wintersonnenwende von der Mutter geboren – einen schönen Sommer hindurch ihr Geliebter war und dann im Herbst in ihren Armen starb, um zur Wintersonnenwende wiedergeboren zu werden.

Im Lauf der Jahrtausende trat die Bedeutung der Mutter immer mehr in den Hintergrund; der Mensch bewunderte zunehmend die Quelle des Geistes, den Vater. Nachdem das zu Mittwinter geborene Sonnenkind in der früheren Stufe das Werden und Vergehen der Natur und des Menschen verkörpert hatte, wird in der längsten Nacht des Jahres jetzt ein Gott geboren: der unbesiegbare Sonnengott, Sol Invictus. Irgendwann beherrschte der väterliche Geist dann alles, war Schöpfer, Gericht, Gnadenspender, Anfang und Ende.

Heute erkennen wir in dem zu Mittwinter geborenen Sonnenkind vielleicht jenen Archetyp des Selbst, das sich entwickelt, wenn das Bewusste – das Licht – anfängt, das Unbewusste – die Dunkelheit – zu erkennen und zu integrieren. Diese Vereinigung bringt eine neue Mitte hervor, eine innere Sonne, in deren Zentrum wir in das Ewige, Göttliche eintauchen können. Die Sehnsucht nach dem Kind des Lichts entspricht also auch der Sehnsucht nach der Mitte in uns selbst, die alle Gegensätze in sich vereint und auflöst.

So sehnen wir uns im Winter auf ähnliche Weise nach dem Licht, wie wir uns in schwierigen Lebensphasen nach der Sonne in uns selbst sehnen. Und so feiern wir um diese Zeit sowohl die Wiedergeburt der Sonne als auch die Geburt des göttlichen Kindes und das ewig wiederkehrende Licht in uns.

Die Kabbalistin Catherine Shainberg gibt uns einen Hinweis, wie wir die klassische weihnachtliche Krippenszene in diesem Sinne tiefenpsychologisch verstehen und mit ihr arbeiten können: Damit wir das Lichtkind in uns, unser wahres Selbst, gebären können, gilt es als Erstes, die Polaritäten von Mutter und Vater (Maria und Josef) in uns zu vereinen. Ochse und Esel stehen für die niederen Instinkte, die gezähmt werden wollen; die Hirten mit den Schafen erinnern uns daran, uns um Frieden mit unserem sozialen Umfeld zu kümmern. Die Heiligen Drei Könige verweisen auf Körper, Herz und Verstand, die demselben Stern, derselben Absicht folgen müssen, um zum Ziel, der Verwirklichung des wahren Selbst, zu gelangen.

SAMEN DES LICHTS PFLANZEN

In den Zwölften wird der Überlieferung zufolge in Mensch, Tier und Pflanze die Fruchtbarkeit geweckt, damit sie im kommenden Jahr gedeihen und Frucht tragen. Auch wir können in diesen Tagen die Samen für das pflanzen, was im nächsten Jahr Frucht tragen soll. Aber es braucht seine Zeit. In der Christnacht wird das neue Licht ganz klein und zart geboren, es ist noch schwebend wie ein Traum, es braucht noch eine Weile, um sich in dieser Welt zu stabilisieren. In den Zwölften können wir es bergend in uns halten, es schützen, nähren und hegen, damit es auf den Obersten Tag, wie der 6. Januar noch im Mittelalter vielerorts hieß, auf Epiphanias, den Tag der Erscheinung, anfange, seinen Weg in die Welt zu gehen.

Welche Lichtsamen pflanzen wir in dieser Zeit? Welchen lichtvollen Entwicklungen in uns wollen wir einen schützenden Raum zum Keimen zu geben, auf dass sie sich im neuen Jahr in Früchte verwandeln?

❋ Traumreise: Lichtsamen

Welche Lichtsamen liegen in Ihnen bereit, in diesen Nächten zu keimen und im nächsten Jahr zu erstrahlen? Vielleicht spüren Sie diese Lichtsamen bereits in der Tiefe Ihres Herzens, oder Sie gehen innerlich an Frau Holles heiligen Brunnen und schöpfen drei Mal die Wasser seiner Tiefen. Schauen Sie in dieses Wasser hinein, erkennen Sie Ihre Lichtsamen darin, vielleicht als Thema, vielleicht einfach als geheimnisvolles Funkeln, und trinken Sie es dann langsam und achtsam.

Spüren Sie den Boden in sich, in den diese Lichtsamen hineinsinken: die Essenz Ihrer bisherigen Lebenserfahrung und Ihrer Erkenntnisse über sich selbst und das Leben, vielleicht Ihre Liebe, Ihr Mitgefühl für sich selbst und alle Lebewesen, Ihren Lebenswillen, Ihren Mut, Ihr Vertrauen. Was bildet Ihren Boden? Spüren Sie auch die Erde unter sich, die Sie dabei unterstützt, trägt und nährt.

Und auch von oben her, von der Sonne, den Sternen, der himmlischen Liebe, strömt Ihren Lichtsamen Kraft und Nahrung zu; sie lassen Ihr Herz warm und weit werden und erwecken und erwärmen Ihre Lichtsamen. Vielleicht erkennen Sie in diesem Licht, was diese Lichtsamen für Sie und Ihr Leben bedeuten: Ist es eine neue innere Haltung oder ein schöpferisches Wirken oder einfach eine innere Erkenntnis, die mehr in Ihr Leben strahlen will?

Die Kraft und Liebe der Erde stärken den Boden, in dem Ihre Lichtsamen wurzeln können. Die Kraft und Liebe des Himmels lassen sie keimen und gedeihen, schenken ihnen Ausrichtung und lassen sie zu einem kraftvoll Ausdruck Ihrer Lebendigkeit heranwachsen.
Sie können aber auch einfach während des Tages Ihrem Traumkörper den Auftrag geben, Ihnen zu zeigen, welche Lichtsamen in Ihnen keimen möchten, und dann den Impulsen nachgehen, die sich daraufhin zeigen.

EIN KIND DER LIEBE

Wir können das Mysterium der Raunächte auch als eine Liebesgeschichte verstehen. Das Licht liebt die Dunkelheit so sehr, dass es sich in sie ergießt. Die Dunkelheit liebt das Licht so sehr, dass sie sich ihm hingibt. Wie in den steinzeitlichen Ganggräbern, in denen genau zum Sonnenaufgang der Wintersonnenwende das Licht durch einen langen Gang in die dunkle Höhlung im Innersten des Megalith-Monuments fällt. Wir sind den Weg der göttlichen Mutter gegangen und den Weg des göttlichen Vaters. Beides lebt in uns: So wie Natur, Intuition, Träumen, Verbundenheit und Empfänglichkeit

Ausdrucksformen der weiblich-mütterlichen Seite des Göttlichen sind, so sind Intellekt, rationales Denken, Tatkraft, Unterscheidungskraft, die Fähigkeit, uns als Individuum wahrzunehmen und zu handeln sowie die Entwicklung höherer geistiger Bewusstseinsebenen männlich-väterliche Gesichter Gottes.

Heute stehen wir auf der Schwelle zu etwas Neuem. Werden wir einen mittleren Weg finden, der die mütterliche Erde und den väterlichen Geist gleichermaßen zu würdigen und zu vereinen weiß? Welches leuchtende Kind wird heute aus der Dunkelheit geboren? Wie können wir ihm den Weg bereiten?

❄ Traumreise: Der neue Stern

Was bewegt Sie an der mütterlichen Göttin, was bewundern Sie an ihr, was verbindet Sie mit ihr? Wenn Sie ihr einen Altar errichten würden, wie sähe er aus? Welches Gesicht der Großen Göttin bedeutet Ihnen besonders viel? Spüren Sie die Liebe, die die Große Mutter, die nährende, tragende Erde, für Sie hat? Finden Sie ein Symbol, welches all dies für Sie enthält. Legen Sie dieses Symbol in Ihre schalenförmig geöffnete linke Hand.

Wenden Sie sich dann dem väterlichen Gott zu. Was bewegt Sie ihm, was bewundern Sie, was verbindet Sie mit ihm? Können Sie sich auch für den väterlichen Gott einen Altar vorstellen? Wie sieht er aus? Welches Gesicht des väterlichen Gottes bedeutet Ihnen besonders viel? Spüren Sie, dass auch der väterliche Gott, das himmlische Licht, Sie liebt, Sie immer geliebt hat? Finden Sie ein Symbol, welches all das für Sie enthält. Legen Sie dieses Symbol in Ihre schalenförmig geöffnete rechte Hand.

Spüren Sie die Symbole in Ihren beiden Händen und bringen Sie die Hände dann langsam vor Ihrem Körper zusammen. Was entsteht, wenn beides zusammenkommt? Schauen und spüren Sie in Ihre Hände. Was sehen Sie, was spüren Sie da? Finden Sie nach einer Weile einen guten Ort für das, was da entstanden ist, vielleicht in Ihrem Herzen, vielleicht woanders.

Losnächte – Der Blick in die Zukunft

INFORMATIONSFELDER UND ZEITLINIEN

Zu den geheimnisvollsten Aspekten der Raunächte gehört, dass sich aus ihnen etwas über die Zukunft ableiten lassen soll. Aber ist es nach unserem heutigen Wirklichkeitsverständnis überhaupt vorstellbar, dass die Ereignisse zwischen den Jahren die folgenden zwölf Monate prägen und bestimmen? Ist das nicht reiner Aberglaube?

Wenn wir uns die Erkenntnisse der Quantenphysik vergegenwärtigen, müssen wir es zumindest als möglich betrachten. In der Quantenphysik ist von »Informationsfeldern« die Rede, »die mit Energie und Materie nichts zu tun haben«[14], von mehreren Welten und parallelen Universen, die sich aus jedem Moment heraus entwickeln, und von »Choice-Points«, an denen sich entscheidet, ob die Dinge diesen oder jenen Verlauf nehmen. All diese Konzepte beziehen sich natürlich zunächst auf die Wechselwirkung zwischen den kleinsten unsichtbaren Teilchen. Doch es gibt Hinweise darauf, dass sie sich auf die sichtbare Welt der Dinge übertragen lassen. »Was wir Diesseits nennen, ist im Grunde die Schlacke, die Materie, also das, was greifbar ist. Das Jenseits ist alles Übrige, die umfassende Wirklichkeit, das viel Größere«, sagt Hans-Peter Dürr, ehemaliger Leiter des Max-Planck-Instituts für Physik in Düsseldorf.[15]

Immer mehr Naturwissenschaftler gehen davon aus, dass Bewusstsein und Materie in sehr viel engerer Wechselwirkung stehen, als es unsere Vorstellungskraft möglich erscheinen lässt.

Diese Sichtweise der Quantenphysik entspricht weitgehend dem, was uns die Hathoren durch Tom Kenyon sagen. (Die Hathoren sind eine Gruppe von Wesenheiten, die der Klangheiler Tom Kenyon gelegentlich channelt und die sich durch sehr präzise Informationen zu kosmischen Vorgängen auszeichnen. Eine genauere Beschreibung und Anleitung zum Zeitliniensrpingen finden Sie auf der Homepage von Tom Kenyon.) Sie sprechen von multiplen Zeitlinien, auf denen unsere Leben laufen, parallelen Wahrscheinlichkeiten, in denen wir gleichzeitig existieren. Zu manchen Zeitpunkten liegen diese so dicht beieinander, dass es relativ leicht ist, von einer Zeitlinie, also einem Verlauf der Ereignisse, auf eine andere Spur zu wechseln, sowohl individuell als auch kollektiv. Die Raunächte gehören zu den Zeiten, wo diese Linien einander besonders nahe kommen und die Übergänge zwischen den verschiedenen Wahrscheinlichkeiten durchlässiger sind. Zu solchen Zeiten kann unsere innere Ausrichtung viel zum weiteren Verlauf unseres Lebens beitragen.[16]

In diesem Sinne dürfen wir auch durchaus annehmen, dass Informationen und Bilder aus diesen parallelen Existenzen über unsere Träume in unser Bewusstsein sickern, dass Träume möglicherweise Ausdruck von »Interferenzmustern« zwischen den Welten sind, »in denen sich die Wahrscheinlichkeiten für irgendeine bestimmte Wirkung in einem ewig gleitenden Gleichgewicht befinden.«[17]

TRÄUMEN

> »Schläft ein Lied in allen Dingen,
> die da träumen fort und fort,
> und die Welt hebt an zu singen,
> triffst du nur das Zauberwort.«

Joseph Freiherr von Eichendorff

In den Raunächten soll man seine Träume aufschreiben, heißt es, weil sie einem etwas über die jeweiligen Monate des kommenden Jahres sagen. Wir wissen nicht, wie alt diese Sitte ist, den Träumen in den Zwölften besondere Beachtung zu schenken. Sicher ist, dass Träume ein althergebrachter Weg sind, Zugang zu tieferen und höheren Ebenen unseres Bewusstseins zu gewinnen, ob wir diese Ebenen nun »das (kollektive) Unterbewusste«, »Traumkörper«, »Matrix« oder »Seele« nennen. Als gesichert gilt, dass unser Tagesbewusstsein und unser Traumbewusstsein in Wechselwirkung stehen und es dazwischen keine klare Grenze gibt.

Träume sind ein Spiegel der Seele. In ihrer unendlichen Kreativität sind sie eines der faszinierendsten Phänomene unseres Lebens, und doch beachten wir sie so wenig. Scheuen wir das Unbegreifliche in ihnen? Wenn wir mehr über unsere im Unterbewussten wirkenden Kräfte wissen möchten, finden wir in unseren Träumen eine unendliche Fundgrube, die uns jederzeit kostenlos zur Verfügung steht.

Falls Sie zu denen gehören, die jetzt resigniert seufzen, weil sie sich nicht an ihre Träume erinnern: Lassen Sie sich nicht entmutigen! Legen Sie Stift und Papier oder ein kleines Diktiergerät auf den Nachttisch und üben Sie, morgens nach dem Aufwachen still liegen zu bleiben und einen Moment im Halbschlaf zu verweilen. Spüren Sie nach, was da eben war. Am Anfang ist es vielleicht nur ein Wort, ein Gefühl, eine Bewegung, eine Farbe. Notieren Sie es, und zwar gleich! Bei den meisten Menschen genügt es, diese kleine Übung eine Weile zu machen, und die ersten bildhaften Traumerinnerungen stellen sich ein, als wäre der Traumkörper dankbar für die Zuwendung und bereit, mehr von sich preiszugeben.

Nützliche Fragen zum tieferen Verständnis eines Traums können sein: Wie fühle ich mich in dieser Situation, am Anfang, am Ende? Was für eine Überschrift würde ich der Geschichte oder dem Bild geben? Welche Bewegung wird darin vollzogen? Findet diese Bewegung irgendwo in meinem Leben eine Entsprechung? Was verbinde ich mit den Lebewesen oder Dingen, die in meinem Traum auftauchen?

Es ist nicht wichtig, jede Einzelheit des Traums zu verstehen. Interessanter ist die zentrale Dynamik, das Thema, das sich auch in herausragenden Details zeigen kann. Was beschäftigt mich im Traum besonders – oder erstaunlicherweise gerade nicht?

Und wenn uns gar nichts dazu einfallen will, ist es oft hilf-reich, einen Menschen um Rat zu fragen, der uns gut kennt. Der andere muss nichts von Traumdeutung verstehen. Sie können einfach Ihren Traum erzählen und fragen: »Was fällt dir spontan dazu ein, wenn du an mich und mein Leben denkst?« Oft sind die Zusammenhänge für andere erstaun-lich offensichtlich.

❄ Unerlöste Träume fertig träumen

Gerade in den Raunächten können uns schwierige oder gar Albträume Sorgen bereiten, weil wir ihre belastenden Ener-gien nicht mit ins neue Jahr nehmen möchten. Der folgende Prozess hilft, schwere Träume zu verwandeln und sich dadurch auch im Alltag neue Lösungsmöglichkeiten zu eröffnen. Denn wenn wir einen schwierigen oder unerlösten Traum haben, zeigt das, dass wir an dieser Stelle zurzeit feststecken und kei-ne innere Lösung wissen. An dieser Stelle kann unser Wachbe-wusstsein dem Traumbewusstsein auf die Sprünge helfen. Wir brauchen dazu nicht zu wissen, wofür die Geschichte steht, die wir geträumt haben. Unsere Seele weiß, was sie damit ge-meint hat, wir können einfach innerhalb der gegebenen Bilder agieren. Direkt morgens, nachdem wir aus einem schwierigen Traum aufgewacht sind, oder zehn Jahre später. Entscheidend ist, dass wir uns lebhaft an den Traum erinnern.

Wonach verlangt Ihr schwerer Traum? Gilt es, eine Maske abzuziehen, ein Chaos zu ordnen, einen Nebel zu durchleuchten? Was ist unerlöst? Sind Sie eine Antwort schuldig geblieben, die Sie gerne gegeben hätten? Was wäre ein Verlauf, der sich gut anfühlt? Sie bewegen sich in der Traumwelt, es ist also grundsätzlich alles möglich. Sie können sich verwandeln, Sie können sich Schutz holen oder sich mit den Dingen ausstatten, die Sie brauchen. Holen Sie sich weise oder starke Begleiter an die Seite, wenn Sie mögen.

Sie werden allerdings merken, dass sich nicht jede mögliche Lösung gleichermaßen stimmig anfühlt. Wenn hohe Wellen über Ihnen zusammenschlagen, fühlt es sich eventuell nicht richtig an, sich einfach vorzustellen, das Meer wäre ruhig. Das mag hier nicht der Wahrheit Ihrer Seele entsprechen. Aber es könnte stimmig sein, sich vorzustellen, Sie haben eine Taucherausrüstung und können sich nach unten sinken lassen und dort in ruhigere Gefilde schwimmen. Bei einer guten Lösung stellt sich beim Gedanken daran eine gewisse Entspannung ein. Wenn Ihnen partout nichts einfällt, fragen Sie jemanden, was er in dieser Situation machen würde. Anderen fällt oft leichter etwas ein; es ist ja nicht ihr Thema.

Legen oder setzen Sie sich dann bequem hin. Entspannen Sie sich und steigen Sie wieder in den Traum ein. Stellen Sie ihn sich möglichst lebhaft vor und träumen Sie ihn dann so um, wie es sich für Sie gut anfühlt. Manchmal ergeben sich dadurch weitere Aspekte. Seien Sie offen für die weiteren Traumimpulse. Träumen Sie den Traum so lange weiter, bis er sich für den Augenblick rund anfühlt und eine Entspannung eintritt.

❊ Unerlöste Alltagssituationen umträumen

Sofern Sie in den Zwölften am Abend merken, dass Sie sich am vergangenen Tag gerne anders verhalten hätten, können Sie sich diese Situationen noch einmal vergegenwärtigen. Überlegen Sie, welche guten Gründe Sie wohl bewogen haben, sich so zu verhalten. Würdigen Sie diese Gründe einen Augenblick lang und überlegen Sie, welche Alternativen es gegeben hätte. Die neue Art sollte sich stressfreier anfühlen. Gehen Sie innerlich zurück zu dem Zeitpunkt, kurz bevor der Auslöser auftrat. Spielen Sie dann die Situation möglichst lebhaft noch einmal wunschgemäß durch. Auf diese Weise üben Sie innerlich ein anderes Verhalten ein und lösen die Energie des Konflikts noch am selben Tag auf.

❊ Anregung: Traumtagebuch

Führen Sie in den Raunächten ein Traumtagebuch. Schreiben Sie alles auf, so banal es auch erscheinen mag. Alle Träume einer Nacht gehören zum selben Traum. Finden Sie für jeden Traum einen Titel, als wäre es ein Buch oder Film.

❊ Anregung: Traumkreis

Besonders in den Zwölften, aber auch zu anderen Zeiten kann es sehr bereichernd sein, sich in der Familie oder in einer kleinen Gruppe den Träumen zuzuwenden. Damit keine

Atmosphäre von »Ich weiß besser als du, was dein Traum bedeutet« aufkommt, ist es hilfreich, solch einem Kreis eine gewisse Struktur zu geben. Ein Traumkreis lässt sich natürlich auch zu zweit bilden.

Die Träumerin (bzw. der Träumer) liest den Traum vor oder erzählt ihn in möglichst einfachen, klaren Sätzen – mit den allernotwendigsten Hintergrundinformationen, ohne eigene oder fremde Kommentare. Die Zuhörenden hören nur aufmerksam zu. Am Ende gibt die Träumerin ihrem Traum einen Titel, als wäre es ein Film oder Buch.

Die Zuhörer stellen der Träumerin nacheinander drei Fragen:

1) Wie fühlst du dich in dem Traum?

2) In welchem Zusammenhang könnte der Traum mit deinem sonstigen Leben stehen (Vergangenheit, Gegenwart, Zukunft)?

3) Welche Fragen sind jetzt bei dir offen?

Die Zuhörer lassen dann ihre Intuition spielen, tauchen selbst in den Traum ein und berichten, was in ihnen an Assoziationen auftaucht: »Wenn es mein Traum wäre, würde ich ... (vermuten, bedenken, tun, als sinnvoll oder notwendig erachten ...).«

Dieses Schema bewahrt uns davor, uns in die Deutungshoheit der Träumerin einzumischen. Die Träumerin kommentiert nicht, sondern hört sich die Assoziationen nur an.

Zum Abschluss wird die Träumerin gefragt, wie sie selbst jetzt mit dem Traum umgehen möchte. Folgt für sie eine Handlung daraus? Will sie noch einmal in den Traum hineingehen, um auf ein ungelöstes, jetzt erkanntes Anliegen einzugehen? Oder hat sich für sie ein Thema oder eine Frage gezeigt, die sie in ihrem Herzen bewegen möchte?

Vor lauter Lauschen und Staunen sei still,
du mein tieftiefes Leben;
dass du weißt, was der Wind dir will,
eh noch die Birken beben.

Und wenn dir einmal das Schweigen sprach,
lass deine Sinne besiegen.
Jedem Hauche gib dich, gib nach,
er wird dich lieben und wiegen.

Und dann meine Seele sei weit, sei weit,
dass dir das Leben gelinge,
breite dich wie ein Feierkleid
über die sinnenden Dinge.

Rainer Maria Rilke

LAUSCHEN – DIE MAGIE DER RAUNÄCHTE

Die Raunächte gehören zu den sogenannten »Losnächte«. Dieser Name leitet sich von ahd. *losên* (= »lauschen, horchen«) ab und verweist auf die Weissagungsmethode des Hinhörens, des Empfangens innerer und äußerer Botschaften. Mancherorts gelten alle Raunächte als Losnächte, aber vielfach heißt es, besonders die Abende vor Andreas (30. Nov.), Barbara (4. Dez.), Lucia (13. Dez.), Thomas (21. Dez.), Weihnachten, Neujahr, Dreikönige (6. Jan.) und Lichtmess (2. Feb.) seien für das »Lauschen« geeignet.[18]

Es geht hierbei letztlich nicht um Zauberei, sondern um tiefe Einsicht in das Jetzt.

»Etwas voraussagen heißt so viel wie den zukünftigen Gang der Ereignisse aus der Richtung und Intensität der Kräfte zu schließen, die wir gegenwärtig am Werk sehen. Eine gründliche Kenntnis nicht des oberflächlichen Eindrucks, sondern der in der Tiefe wirksamen Kräfte ermöglicht Voraussagen, und eine ernstzunehmende Voraussage muss sich stets auf solches Wissen stützen.«[19]

Dazu bedarf es keiner Hellseherei oder Telepathie, sondern vor allem einer feinen Wahrnehmung und einer geübten Intuition. Denn die Botschaften vermitteln sich über alle unsere Sinne: Lauschen, Schauen, Empfinden, Spüren, manchmal selbst über Düfte und Geschmäcker.

Wir sind ständig von Zeichen und Antworten umgeben, weil wir immer eingebunden sind in das große Gewebe des Lebens. Das Leben spricht mit uns. Es kommt darauf an, zu erkennen, welche Zeichen wichtig sein können, und sie mit innerer Weite und intuitiver Deutung auf unsere konkrete Situation zu beziehen.

❊ Anregung zum Zeichenlesen

Die Zeichen sind immer da, wir müssen sie nur bemerken. Entscheidend ist die Aufmerksamkeit.

Gehen Sie mit einer inneren Frage ins Freie. Sammeln Sie sich, halten Sie die Frage in Ihrem Fokus und schlendern Sie mit offener, weicher Aufmerksamkeit durch die Natur, durch den Stadtpark oder durch die Straßen. Folgen Sie Ihren Impulsen und lassen Sie sich überraschen, was sich Ihnen zeigt. Sobald Sie etwas sehen, hören oder riechen, das Sie aufmerksam werden lässt, fragen Sie innerlich nach dem Zusammenhang mit Ihrer Frage und lauschen Sie auf die Antwort. Nehmen Sie sie einfach zur Kenntnis, ohne darüber nachzudenken, sonst verlieren Sie den weichen Fokus und die innere Verbindung. Manchmal ergibt sich aus der Antwort direkt eine Folgefrage, mit der Sie dann weitergehen können. Versuchen Sie dabei jedoch, Fragen zu vermeiden, die aus einem Kontrollbedürfnis kommen, wie: »Wie kann das gehen? Wann wird das sein?« Vertrauen Sie dem Prozess.

Zu Hause angekommen, können Sie in Ruhe betrachten, was Sie gefunden haben, sowie darüber nachdenken und es in den Zusammenhang stellen.

Wir treffen in jedem Moment Entscheidungen, die uns in eine Richtung gehen lassen; daher gibt es für jeden von uns immer eine unendliche Fülle möglicher Zukünfte, von denen jedoch manche wahrscheinlicher sind als andere. Wir werden in bestimmte Lebenssituationen schicksalhaft hineingestellt, doch wie wir sie empfinden, wie wir uns verhalten, welche Möglichkeiten wir erkennen und zu nutzen wissen, darin liegt immer unsere Freiheit. Die Zeichen helfen uns, Möglichkeiten oder Qualitäten zu erkennen, die uns sonst vielleicht entgangen wären.

Eine wirksame Befragung erfordert also vor allem einen offenen Geist, ein hohes Maß an innerer Sammlung und eine feine Wahrnehmung der Bewegungen des großen Ganzen. »Wir finden das Kind des Lichts durch unsere Sinne«, sagt die Kabbalistin Catherine Shainberg. Durch die Verfeinerung unserer Sinneswahrnehmungen können unser Traumkörper und das große Ganze mit uns kommunizieren und uns dahin leiten, dem Licht in uns und um uns herum mehr Raum zu geben.

❄ **Anregung:**
Sich zukunftsweisenden Erkenntnissen öffnen

Führen Sie während der Zwölften intensiv Tagebuch. Notieren Sie vor allem die auftauchenden Themen, innere oder äußere Bewegungen, Erkenntnisse, Impulse, Begegnungen, Herausforderungen, Geschenke, Unterstützung. Gehen Sie mit offenen Sinnen durch die Welt und notieren Sie, was bei Ihnen ankommt. Natürlich auch Ihre Träume. Achten Sie auf Körpersignale.

Finden Sie im Rückblick für jeden Tag einen Titel, der die Stimmung oder die Qualität dieses Tages zusammenfasst. Wenn etwas schwierig oder unangenehm war, vielleicht weil es Streit, Unruhe oder Verwirrung gab, versuchen Sie zu erkennen, worum es für Sie dabei ging: etwa um Selbstbestimmung, Verbindung, Loslassen, Verständnis? Nutzen Sie die Technik des Umträumens von Alltagssituationen (siehe S. 73). Im Lauf der Tage und Nächte finden Sie so zwölf Begriffe, welche die Energie beschreiben, mit der Sie ins neue Jahr gehen. Notieren Sie sie, lesen Sie sie wie ein Gedicht, meditieren Sie darüber, segnen Sie sie mit Rauch und feiern Sie sie: Sie haben sich damit eine energetische Leitschnur für das kommende Jahr gegeben – zwölf Sterne, auf die Sie jederzeit zurückgreifen können!

Feuer und Wasser

Zu den Raunächten mussten Haus und Hof und alle Bewohner mit Rauch gereinigt und mit Weihwasser gesegnet werden. So wollte es vielerorts der Brauch. Wir kennen Weihrauch und Weihwasser vor allem aus der Kirche, doch sowohl das rituelle Räuchern als auch das Segnen mit Wasser sind viel älter als das Christentum.

Bei Kelten und Germanen galten Feuer und Wasser als die Urelemente der Schöpfung. Zu Mittwinter wurde in ganz Mittel- und Nordeuropa das Julholz in den Herd gelegt, ein großer Wurzelstock, der die ganzen Zwölften hindurch glühte. Mancherorts wurde er das ganze Jahr unten im Herdfeuer gelassen. Seine Asche wurde dann auf die Felder gestreut. Doch vor allem war das Feuer in den Raunächten als Rauch präsent.

RÄUCHERSEGEN

»Dann ward es Abend. Die Gesindleute waren noch in den Ställen beschäftigt oder in den Kammern, wo sie sich nach der Sitte des Heiligen Abends die Köpfe wuschen und ihr Festgewand herrichteten. Die Mutter in der Küche buk Christtagskrapfen und der Vater

mit dem kleinen Nickerl besegnete den Hof. Es hatte
nämlich der Vater in einem Gefäß glühende Kohlen,
hatte auf dieselben Weihrauch gestreut und ging damit durch alle Räume des Hofes, durch die Stallun-
gen, Scheunen und Vorratskammern, in alle Stuben
und Kammern des Hauses endlich, um sie zu beräu-
chern und dabei schweigend zu beten. Es sollten
böse Geister vertrieben und gute gesegnet werden.«

Peter Rosegger

Das reinigende und segnende Räuchern zu den Raunächten
hat sich zumindest in einigen ländlichen Gegenden über die
Jahrhunderte hinweg bis in die Moderne hinein erhalten. Insbesondere wurde an vier Abenden geräuchert: am Vorabend
der Wintersonnenwende, zu Heiligabend, zu Silvester und in
der Perchtennacht vor Epiphanias.
Wahrscheinlich ist die Sitte, Kräuter, Hölzer und Harze zu ver-
brennen, um duftenden Rauch zu erzeugen, fast so alt wie die
Menschheit. Mit Rauch wurden Fleisch und Fisch haltbar gemacht, und er vertrieb nicht nur Ungeziefer und unangeneh-
me Gerüche, sondern auch schlechte Stimmungen. Schon in
grauer Vorzeit merkten die Menschen wohl, dass gewisse Düfte besondere geistige oder emotionale Zustände hervorrufen.
Düfte sind Sinneseindrücke, die flugs an unserem Großhirn
vorbei die tiefsten Schichten unseres Gehirns berühren, das
sogenannte limbische System, in dem unsere Urgefühle und

Reflexe verankert sind. Im limbischen System entstehen auch Gefühle von Ewigkeit und Verzückung, hier transzendiert unser Gehirn Zeit und Raum.

Rauch beeinflusst nicht nur unsere Stimmung, er gilt auch als Botenstoff in andere Welten. Eben noch sichtbar, ist er schon entschwunden. Wäre da nicht der Duft, man könnte meinen, er wäre nie gewesen. Wie sich im Tod die Seele vom Körper löst, setzen die verglühenden Kräuter ihren Duft frei, breiten ihre Schwingung aus, wirken auf alles, was sie berühren, und verflüchtigen sich dann in andere Gefilde. Der von der Materie befreite und durch die Glut des Feuers transformierte »Geist« der Pflanze ist als aufsteigender Rauch zugleich Botschaft und Opfergabe an die Götter. Er reinigt und klärt, harmonisiert und inspiriert.

Die uralten Räuchermittel der Germanen und Kelten sind auch die typischen Räucherpflanzen der Raunächte:

• Wacholder

Diese der Frau Holle heilige Pflanze wird in fast allen alten Überlieferungen zur Raunachtsräucherung genannt. Der Wacholder ist weltweit verbreitet, und überall, wo es ihn gibt, ist er den Naturvölkern heilig. Er gilt seit jeher als starker Schutzbaum gegen Dämonen und Krankheiten – was aus alter Sicht dasselbe ist. Sein Rauch wirkt desinfizierend und stärkend, macht wach und lebendig. Zum Räuchern können wir gut die Beeren verwenden. Sie duften ganz wundervoll, besonders wenn sie in demselben Jahr geerntet wurden. (Wachholder gehört zu den gefährdeten Arten! Bitte nur im Garten und nur die ausgereiften blauen Beeren nehmen.)

- **Tanne**

Der Duft von Tanne, Fichte und Kiefer ist für uns untrennbar mit der Weihnachtszeit verbunden.

»Der Duft des Tannen-und Fichtenharzes wirkt beruhigend, entspannend, meditationsfördernd und ermöglicht das innere Gewahrwerden des großen kosmischen Geschehens, nämlich der Wiedergeburt des Lichts«, schreibt der Schamane des Allgäus Wolf-Dieter Storl.[20]

Bei einem Gang durch den Wald finden wir auch heute noch leicht Harz, das wir – wenn der Baum einverstanden ist – mit nach Hause nehmen, trocknen und verräuchern können. Die beste Sammelzeit für Harz ist der Hochsommer, weil dann der Wassergehalt im Harz besonders niedrig ist und es daher feiner riecht. Aber auch dann sollte es noch mindestens ein paar Monate, besser ein Jahr lang getrocknet werden.

Man kann auch einfach getrocknete Tannen-, Fichten- oder Kiefernnadeln nehmen und verräuchern. Duft und Wirkung sind zwar nicht ganz so intensiv, dafür raucht es nicht so heftig.

- **Weihrauch**

In den Überlieferungen aus den vergangenen Jahrhunderten wird neben Wachholder vor allem Weihrauch als Räuchermittel der Raunächte erwähnt. Wahrscheinlich stammt diese Sitte aus der christlich-antiken Tradition. Weihrauch besteht aus dem Harz der Weihrauchbäume, die am Horn von Afrika, im Oman, Jemen und in Indien gedeihen. Der deutsche Name Weihrauch stammt von ahd. *wîhrouch* = »heiliges Räucherwerk«. Früher wurde jedes zum Räuchern gesammelte Harz so bezeichnet.

Weihrauch wirkt desinfizierend, entzündungshemmend, ausgleichend, belebend und erfrischend. Und er öffnet den menschlichen Geist für höhere Bewusstseinszustände und eine Kommunikation mit den höheren Sphären.

Weitere traditionelle Räucherpflanzen der Raunächte sind das alte Frauenheilmittel und Schwellenkraut Beifuß sowie Mariengras, das heute in Form von Sweetgrass-Zöpfen verkauft wird; man kann es jedoch gut auch selbst im Garten ziehen.

Der Rauch von **Beifuß** fördert die Intuition, das Träumen und das Loslassen.

Sweetgrass bringt Süße ins Leben und öffnet das Herz.

Wer es noch aromatischer, lieblicher und mystischer mag, kann auch mit **Kyphi** räuchern. Kyphi ist eine aus Weihrauch, Myrrhe, Kalmus, Zimt, Wacholder, Honig, Rosinen, Rotwein und vielen anderen Ingredienzien in mehreren Tagen gebraute, geheimnisumwobene Räuchermischung aus dem alten Ägypten, die mit ihrem warmen, süßwürzig-aromatischen Duft wunderbar zu dieser feierlichen Mittwinterzeit passt. Kyphi kann man kaufen; wer sich jedoch die Mühe der eigenen Herstellung macht, wird mit einem noch eindrucksvolleren Dufterlebnis belohnt. Kyphi fördert einen erholsamen Schlaf und angenehme Träume.

❋ Wie wird's gemacht?

Zum klassischen Räuchern brauchen Sie ein Räuchergefäß, das auf eine hitzebeständige Unterlage gestellt wird; Räucherkohle, Räucherwerk, eine Feder (oder etwas zum Fächeln), Feuerzeug oder Streichhölzer, etwa eine halbe Tasse Sand.

Die Räucherkohle wird auf den Sand in das Räuchergefäß gelegt. Nach einem Moment der Sammlung, in dem Sie sich innerlich mit der Absicht Ihrer Räucherzeremonie verbinden, entzünden Sie die Kohle vorsichtig an einer Flamme, legen sie in die Schale und fächeln ihr Luft zu, bis sie ganz durchgeglüht ist. Dann legen Sie die Kräuter oder Harze auf. Mit einer Feder können Sie den Rauch nach Wunsch verteilen. Sie können ihn aber auch einfach mit den hohlen Händen schöpfen. Lassen Sie die Kohle nach dem Räuchern vollständig ausglimmen und erkalten und streuen Sie die Asche anschließend irgendwo im Garten oder in der Natur auf die Erde.

Sofern Sie einen Ofen, Kamin oder ein offenes Feuer haben, können Sie entweder einen flachen Stein im Feuer erhitzen und das Räucherwerk darauf legen oder ein Stückchen gut durchgeglühtes Holz herausnehmen und als Räuchergrundlage nehmen.

Das Ritual geht natürlich auch mit Räucherstäbchen.

❊ Anwendungsbereiche

- **Zur Beruhigung und Besinnung**

Als Einstimmung auf die Meditation oder um eine gute Atmosphäre für besinnliche Stunden zu schaffen, eignet sich eine leichte Räucherung mit Räucherstäbchen oder ein paar Wacholderbeeren oder Tannennadeln auf einem heißen Stein am Kamin.

- **Im Gebetsritual**

Rauch dient seit Urzeiten dazu, die Gebete der Menschen in die anderen Welten zu tragen. Nehmen Sie ein wenig vom Räuchermittel zwischen die Finger und vertiefen Sie sich in Ihr Gebet. Legen Sie die Kräuter oder das Harz auf die glühende Kohle. Während der Rauch aufsteigt, verweilen Sie bei Ihrem Gebet. Sie können auch in einer meditativen inneren Ausrichtung räuchern, im Sinne von: »Möge sich mein Geist so erheben, wie sich dieser Rauch aus der Pflanze erhebt.« Oder: »Ich verbinde mich mit meiner Essenz, so wie dieser Rauch die Essenz dieser Pflanze verkörpert.«

- **Zur energetischen Reinigung von Mensch und Haus**

Die klassische Räucherung der Raunächte dient der Reinigung und Segnung von Haus und Hof mit allen, die darin leben. Traditionell ging dabei der Hausherr oder die Hausherrin betend und räuchernd mit der Räucherpfanne oder einem entsprechenden Gefäß durchs ganze Haus und kam zum Schluss in die Stube, wo schon alle Hausbewohner versammelt waren, um auch diese mit dem Rauch zu reinigen und zu segnen.

Damit das Räuchern energetisch wirksam ist, bedarf es dabei der inneren Ausrichtung und Absicht. Sie können sich darin unterstützen, indem Sie ein schlichtes Gebet sprechen oder Worte wie »Alles, was nicht zu mir gehört und ich nicht mehr brauche, darf gehen« murmeln oder sich einfach auf die Empfindung von Reinheit, Klarheit und Erneuerung konzentrieren. Öffnen Sie ein wenig das Fenster und fächeln Sie den Rauch durch alle Räume und in alle Ecken, wo sich die Energie stauen könnte. Öffnen Sie dann alle Türen und Fenster einmal weit, sodass ein richtiger Durchzug entsteht. Anschließend können Sie die Wohnung mittels gesegnetem Wasser mit positiven Energien aufladen.

Um andere oder sich selbst mit dem Rauch zu reinigen, stellen Sie erst eine fühlbare energetische Verbindung zur Erde her. Sie können den Rauch mit der Feder oder mit den Händen von oben nach unten über den Körper streichen und damit die unerwünschten Energien in die Erde senden. Entscheidend ist auch hier wieder Ihre Absicht und Ausrichtung. Sie können den Rauch genauso gut mit hohlen Händen schöpfen und wie reinigendes Wasser über Gesicht und Herz streichen.

> »Letztendlich ist alles Leben ursprüngliche Energie,
> die das Universum in Gang hält. Diese Lebendigkeit
> fließt als ein Segen in uns hinein und will als Segen
> aus uns zu anderen hin fließen.«

David Steindl-Rast

Um die heilsame Balance der Polaritäten von Feuer und Wasser herzustellen, wurde nach dem Räuchern häufig geweihtes Wasser versprengt. Das Wasser steht für die reinigende, fruchtbar machende göttliche Energie. Es vermittelt Klarheit und Frische, verjüngt und erquickt. Insbesondere Quellwasser verkörpert diese Kräfte. Wenn es zur Mitternacht besonderer Nächte geschöpft wird, gilt es sogar als heilkräftig.

❊ Wassersegen

Wir können Wasser selbst weihen, indem wir segensreiche Worte sprechen oder es in einem Gefäß aufbewahren, das wir mit heilsamen Worten beschriften. Durch seine Untersuchung von Eiskristallen hat der japanische Forscher Masaru Emoto sehr anschaulich gezeigt, wie empfänglich Wasser für die Schwingungen von Worten, Klängen und Gefühlen ist.

Nachdem wir also alle Räume geräuchert und dann kräftig durchgelüftet haben, gehen wir mit einer Schale mit gesegnetem Wasser durch alle Zimmer und versprengen es mit Worten wie »Glück und Segen«, »Frieden und Gesundheit« oder »Möge es für uns alle ein gutes Jahr werden!«. Ganz nebenbei binden die Wassertropfen auch noch den restlichen Rauchgeruch.

Brauchtum zu den wichtigsten Raunächten

Viele Bräuche gelten für eine oder mehrere der wichtigen Raunächte:

- den Abend vor der Wintersonnenwende
- den Heiligen Abend
- den Silvesterabend
- den Perchten- oder Hollenabend
  (Vorabend von Dreikönige)

Ahnengedenken: Zu all diesen Tagen gab es an verschiedenen Orten Traditionen des Ahnengedenkens. Es heißt, in Ostpreußen wurde den Verstorbenen zu Weihnachten ein Zimmer geheizt, mit Wintergrün geschmückt und ein Bett gerichtet. Andernorts schlief der ganze Hausstand im Weihnachtsstroh auf dem Boden, weil die Betten in dieser Nacht für die Verstorbenen bzw. für die Engel hergerichtet waren.

Arbeitsruhe und Stille: In den Zwölften durfte man keine Drehbewegungen machen (Rühren, Fahren, Spinnen, etc.), mancherorts sogar gar keine Arbeit tun. Im Siegener Land hieß es, an den heiligen Tagen wird keine Arbeit getan, sondern nur gesungen, getanzt und gespielt. In den wichtigen Raunächten musste es hingegen zum Beispiel in Tirol ganz still sein.

Gabentisch für Frau Percht und ihre Heimchen: In der Christnacht oder in der Perchtennacht deckten die Frauen an sehr vielen Orten für Frau Percht / Frau Holle drinnen oder draußen einen festlichen Tisch, den »Tabula fortunae«, den Glückstisch. Darauf standen die traditionellen Speisen der Region. Manchmal wurden für sie auch Milch (»Berchtlmilch«), Nüsse, Äpfel oder Gebäck vors Haus, aufs Fensterbrett oder aufs Dach gestellt.

Julholz: Zu Beginn der Zwölften oder zu Weihnachten wurde ein großer, geschmückter Holzklotz feierlich ins Haus getragen und in den Herd gelegt. Er wurde immer nur so weit ins Feuer gezogen, dass er die ganzen Zwölften über brannte. Mancherorts wurde der verkohlte Rest hinterher unters Bett gelegt und sollte vor Blitzschlag schützen. Oder seine Asche wurde auf die Felder und unter die Obstbäume gestreut. Der Brauch um das Julholz ist in ganz Mitteleuropa bekannt.

Räuchern und Segnen: In der Christnacht, zu Silvester und in der Perchtennacht wurden Haus und Hof geräuchert und mit Weihwasser besprengt.

Ruten: Zu verschiedenen Zeitpunkten während der Zwölften »schlugen« oder besser streichelten die Burschen und Männer die Kühe, Obstbäume und vor allem die Mädchen und Frauen mit Ruten, was als segenbringend galt und wofür sie manchmal sogar Geschenke bekamen.

Speisen für die Elemente: In den Raunächten wurden die Elemente »gefüttert«. Mancherorts wurden bestimmte Körner, Kräuterwurzeln oder Pflanzenbüschel vergraben, damit der Acker fruchtbar bleibt. Man gab ein bisschen Salz oder Mehl in den Brunnen, ins Feuer und in den Wind und sprach beschwörende Worte, um sich das Wohlwollen der Elemente zu sichern.

Tiere: Es heißt, in der Heiligen Nacht und in der Perchtennacht ist den Stalltieren um Mitternacht die Gabe der weissagenden Rede gegeben. Möglicherweise eine vage Erinnerung daran, dass die Germanen glaubten, Pferde könnten die Zukunft voraussagen. Dem Vieh wurde geweihtes Salz zum Lecken gegeben und Kräuter aus den geweihten Sommer-Kräuterbüscheln unters Futter gemischt.

Wasser: Um Mitternacht geschöpftes Wasser gilt als heilkräftig, ganz besonders das Wasser aus der Christnacht und der Perchtennacht. Heute wird es häufig »Dreikönigswasser« genannt. Es soll das ganze Jahr lang nicht schlecht werden. Zum Dank schmückt man den Brunnen manchmal mit einem grünen Zweig.

Weissagen: Viele dieser Nächte galten als besonders geeignet zum Weissagen und Orakeln.

Wintermaien: In den Zwölften holte man sich den »Wintermaien« ins Haus: immergrüne Zweige von Stechpalme, Tanne, Fichte, Buchsbaum, mit denen man die Stube schmückte. In manchen Gegenden ließ man Zweige in der Stube treiben und hatte dann »blühende Weihnachtsbäume«.

21.12. Wintersonnenwende

In angelsächsischen Ländern wird für die Feen, die Hausgeister und Kobolde in der längsten Nacht des Jahres der »Fairy porridge« bereitet – eine Art Getreidebrei, den man als Dank hinstellt. An diesem Tag sollen alle geliehenen Gegenstände zurückgegeben werden – ein Hinweis darauf, dass dies als das eigentliche Jahresende galt.

24.12. Heiligabend

»Ihr sollt feste essen ..., dass euch die Percht nicht trete«, heißt es in einem Gedicht aus dem 14. Jh. Im Norden scheint das rituelle Trinken noch bedeutender gewesen zu sein. Es gab ein besonderes Weihnachtsbier oder Weihnachtsbrot. Zu den traditionellen Gerichten gehörten Schweinefleisch, Brot und Kuchen, Grütze, Erbsen, Bohnen und Mohn.

31.12. Silvesternacht

Das Schießen und Knallen dient neben der Abwehr von Unheil vor allem dazu, die Geister der Fruchtbarkeit zu wecken: Man schießt über die Felder, damit sie dickere Ähren tragen; man schießt in die Obstbäume, damit sie reichlich Frucht bringen. Im Zillertal schießen die Burschen ihren Mädchen das neue Jahr an. Man fegt um Mitternacht mit einem Besen alle vier Ecken der Stube aus und kehrt damit alles Unglück heraus. Lässt man den Tisch voll mit Speisen und Getränken über Nacht stehen, wird der Wohlstand vom alten Jahr ins neue hinübergetragen.

5.1. Vorabend von Dreikönig – Perchtennacht, Frau-Hollen-Nacht

Diese Nacht gilt als die magischste der Zwölften. Die Tiere sollen reden und weissagen können, wie in der Heiligen Nacht. Das in dieser Nacht geschöpfte Wasser gilt als ungeheuer heilkräftig. Das Räuchern wird noch mal besonders gründlich vorgenommen (sogenanntes »Königsrauchen«). Danach wird das Rauchmahl gehalten: Knödel mit Wurst oder Glühwein / Tee mit Krapfen.

Meditationen, Traumreisen und Rituale

Es gibt keine klare Tradition, die jeder der zwölf oder dreizehn Raunächte eine spezifische Bedeutung zuordnet. Einige
moderne Interpretationen lassen sich von den Sternzeichen
der zwölf Monate leiten. Aber vielleicht inspiriert uns die Zeit
zwischen den Jahren, uns mehr auf eine Zeit außerhalb der
Zeit einzulassen, indem wir uns von unserem linearen Zeit-
verständnis lösen und mehr auf die Qualität jedes einzel-
nen Augenblicks achten. Wozu ist dies der rechte Moment?
Liegen bleiben oder aufstehen? Allein sein oder in Gemein-

schaft? Innenschau, Entspannung oder Unterhaltung? Lassen Sie sich von Ihrem Traumkörper, von Ihrer Intuition, von Ihrem Herzen, von Ihrem göttlichen inneren Kind leiten.

Um Ihnen die Suche nach Anregungen für Meditationen, Traumreisen und Rituale in diesem Buch zu erleichtern, wurden die betreffenden Überschriften mit einem kleinen Zeichen (❄) versehen.

RAUNACHTSRITUALE IN DER FAMILIE

❄ Ein Abend in Dunkelheit

In der Familie können wir die Raunächte dazu nutzen, gemeinsame Erfahrungen mit Dunkelheit und Licht zu machen, z. B. indem wir zur Wintersonnenwende oder am Heiligen Abend auf elektrisches Licht verzichten. An Heiligabend kommt nun das Licht des Weihnachtsbaums umso eindrucksvoller zur Geltung.

❄ Unseren Stern zum Leuchten bringen

Wir können daran erinnern, dass jeder von uns einen Stern in sich trägt, und uns darüber austauschen, was unseren Stern zum Leuchten bringt. Vielleicht sind das bestimmte Tätigkeiten oder Geschichten. Aber wahrscheinlich auch das Gefühl, gesehen und geliebt zu werden, wie man eben ist. Wir können uns beim abendlichen Kerzenschein gegenseitig mitteilen, was uns heute aneinander Freude bereitet hat, und dabei spüren, wie es uns selbst und den anderen zum Leuchten bringt.

❄ Dank an die Erde und die Naturgeister

Wir können an die Erdmutter erinnern, die in dieser Zeit alle Samen darauf vorbereitet, im Frühling zu keimen. Zur Wintersonnenwende oder zu Dreikönig machen wir dafür einen Nachtspaziergang oder besuchen in der Dämmerung die Naturwesen im Wald und bringen ihnen kleine Geschenke. Eventuell gibt es einen besonderen Platz, zu dem Sie jedes Jahr wieder hingehen. Halten Sie dort mit Kerzen, Tee und Plätzchen ein kleines Ritual des Danks an Mutter Erde und die Naturgeister ab: Alle senden nacheinander ihren Dank in einen Kristall hinein, der dann mit ein paar Kekskrümeln in die Erde versenkt wird.

❄ Masken bauen

Wir bauen gemeinsam Masken (siehe S. 52 f.): jeweils eine Maske für unsere Stärke bzw. unser liebevolles, freundliches Gesicht und eine für unsere Ängste bzw. unsere wilde Seite.

❄ Glückstisch

Zu Weihnachten oder zu Dreikönig decken wir für Frau Holle und ihre Schar einen kleinen Tisch und lassen ihn über Nacht stehen. Natürlich essen die Geistwesen nicht »richtig« davon, doch es macht ihnen große Freude, zu sehen, dass wir an sie denken. Wir dürfen die Speisen also am nächsten Morgen gern selbst aufessen.

SPIELERISCHE »ORAKEL«-BRÄUCHE

- Man schält eine Apfelschale spiralförmig bzw. in einem Stück, wirft sie nach hinten über die Schulter und liest aus der Art, wie sie am Boden liegt, den Anfangsbuchstaben des zukünftigen Liebsten.

- Pottkieken: Man dreht neun Töpfe (Becher, Tassen, Blumentöpfe) um und legt unter jeden ein Symbol für etwas, das im nächsten Jahr geschehen wird (z. B. Geld für Reichtum, Ring für Beziehung, Puppe für Nachwuchs/schöpferische Projekte, Feuerzeug für Leidenschaft, Engelchen für Glück, Nuss für Schwierigkeiten, Ei für Überraschungen, Brille für Durchblick – der Fantasie sind keine Grenzen gesetzt). Abwechselnd geht einer unter den Tisch, während die anderen die Dinge unter den Töpfen mischen. Dann setzt sich die Person wieder an den Tisch und deckt drei Töpfe auf. Dies tut sie drei Mal. Wird dabei etwas doppelt oder gar dreifach aufgedeckt, spielt es im nächsten Jahr für die Person eine wichtige Rolle.

- Seelenschatzkarte – für alle, die es gerne kreativ mögen: Dieses Ritual ist eine schöne Silvester- oder Raunachtsbeschäftigung (danke, Anja und Manuela!): Sie brauchen einen Stapel Illustrierte, Prospekte und Magazine, Schere und Klebstoff und pro Person einen Bogen Tonpapier. Sie ahnen es schon: Jeder macht sich aus Bildern, Wörtern und Sätzen eine Collage für das kommende Jahr. Die Einstellung, mit der Sie sich ans Werk machen, entscheidet über die Bedeutung. Wenn Sie sich mehr von Ihrer Intuition als von Ihren Wunschvorstellungen leiten lassen, haben Sie am Ende eine »Schatzkarte« der seelischen Energien, die zurzeit in Ihnen aktiv sind und von daher mit großer Wahrscheinlichkeit im nächsten Jahr eine Rolle spielen werden. Hängen oder stellen Sie das fertige Bild gut sichtbar auf. Bilder sind die Sprache der Seele. Wenn Sie Ihrer Seele erlaubt haben, die Collage wesentlich zu bestimmen, kann sie sich im Ergebnis wiedererkennen. Das macht sie glücklich, denn sie fühlt sich gesehen.

MEDITATIVE SPAZIERGÄNGE

Wir müssen beim Meditieren nicht immer sitzen. Auch beim Gehen können wir gut zur Ruhe und in unsere Mitte kommen. Um die Gedanken zu sammeln und uns zu vertiefen, können wir uns jeweils ein Thema vornehmen.

❄ Geh-Meditationen in den Raunächten

Gehen Sie zuerst ein paar Minuten lang einfach so, wie Ihnen zumute ist. Nehmen Sie sich Zeit, bei sich anzukommen. Spüren Sie Ihre Füße, spüren Sie, wie die Erde Sie trägt. Sie können ihr getrost Ihr Gewicht überlassen. Bleiben Sie dann einen Moment stehen, atmen Sie ein paarmal tief durch und besinnen Sie sich auf das Thema, mit dem Sie gehen möchten. Gehen Sie dann langsam und achtsam los.

Tragen Sie Ihr Thema in sich wie einen zarten Vogel, den Sie in der hohlen Hand halten, oder wie eine Blume, der Sie Raum zur Entfaltung geben. Natürlich halten Sie die Augen beim Gehen offen; aber versuchen Sie, von innen heraus zu schauen und zu lauschen.

Hier sind einige Themenvorschläge:

1. Mit der Erde gehen: Bewusst die Erde berühren, ihre Lebendigkeit spüren, sich getragen fühlen.

2. Mit dem Himmel gehen: Bewusst die Unendlichkeit des Raums über sich spüren, das Licht oder die Dunkelheit wahrnehmen, den Segen fühlen, der einem zufließt.

3. Mit »Loslassen – ankommen – vorwärtsschreiten« gehen: Die Schritte dem Atem anpassen und so im Einklang mit sich selbst bei jedem Schritt und jedem Atemzug Altes zurücklassen, im Hier und Jetzt ankommen und dem Impuls folgen, weiterzugehen, weiterzuatmen.

4. Mit den eigenen Ahnen gehen: Sich der unendlichen Kette von Menschen bewusst werden, die hinter einem stehen. Jeder dieser Menschen hat das Leben weitergegeben, damit jeder Einzelne von uns heute hier gehen kann. In der indianischen Tradition sind die Sterne die Lagerfeuer unserer Ahnen.

5. Mit dem eigenen inneren Kind gehen: Die Welt mit unverstelltem Blick betrachten, als sähe man alles zum ersten Mal. Staunen, spielen.

6. Mit der eigenen All-Verbundenheit gehen: *Tat twam asi*, »Das bist du« – so lautet einer der großen Leitsätze der »Upanishaden«, der heiligen Schriften des Hinduismus.

In der Nichtzeit werden alle Trennungen aufgehoben. Alles was mir begegnet, ist eine Facette des großen Einen, genau wie ich.

7. Mit der eigenen Einzigartigkeit gehen: Noch nie gab es einen Menschen wie mich, und es wird ihn nie wieder geben. Und so wie ich jetzt bin, war ich noch nie und werde ich nie wieder sein. Dieser Augenblick ist einzigartig. Und der nächste auch.

8. Mit der eigenen Dankbarkeit und Sehnsucht gehen: Beidem wird Raum gegeben – Dankbarkeit und Sehnsucht –, zuerst abwechselnd, dann immer mehr gleichzeitig.

9. Mit dem eigenen Rhythmus gehen: Dem Atem erlauben, seinen natürlichen Rhythmus zu finden, und den Schritten, dazu ihren natürlichen Rhythmus zu entdecken. Immer wieder darauf achten, offen dafür zu sein, dass sich dieser Rhythmus verändern will. Sich selbst auch für die größeren Rhythmen des Lebens öffnen und spüren, wie das Leben insgesamt durch mich ein- und ausatmet, durch mich geht.

10. Mit der eigenen Intuition gehen, der inneren Führung vertrauen: Zu jedem Zeitpunkt den inneren Impulsen folgen und sich davon überraschen lassen, wohin sie führen.

11. Mit Vertrauen ins Unbekannte gehen: Einen Weg beschreiten, den man noch nie gegangen ist. Mit jedem Schritt betritt man unbekanntes Terrain. Man kann nicht wissen, was der nächste Moment, der morgige Tag oder das nächste Jahr bringen werden. Wie gehe ich ins Unbekannte hinein?

12. Mit mir gehen, so wie ich jetzt gerade bin.

Ende und Anfang sind eins

»Und jedem Anfang wohnt ein Zauber inne,
der uns beschützt und der uns hilft,
zu leben.«

Hermann Hesse

»Jedem Anfang wohnt ein Zauber inne, wenn wir vertrauen
können. Aber auch das Umgekehrte gilt: Mit der Erfahrung,

dass wir immer wieder neu anfangen können, wächst auch das Vertrauen in das Leben«, antwortet Verena Kast auf das bekannte Gedicht von Hesse.[21]

Perchtentag, Holletag, Epiphanias, Dreikönige: Die Schleier senken sich wieder über die Anderswelt, die Tore schließen sich sanft, das Licht hat schon spürbar an Kraft gewonnen – einen Hahnenschrei länger ist der Tag schon geworden, hieß es mal. Das Rad der Zeit dreht sich auf gewohnte Weise weiter – und doch ist alles neu, nichts ist mehr so, wie es vorher war.

Wir haben unser inneres Licht zwölf dunkle Nächte lang gehegt und gepflegt. Nun ist es Zeit, es in die Welt hinauszutragen. Mütterliches und Väterliches, Göttliches und Menschliches, Uraltes und Brandneues – zwölf dunkle Nächte lang haben wir die Polaritäten in uns gehalten, auf dass aus ihrer Vereinigung ein neuer Stern hervorgehe.

Möge alles, was in diesen Nächten gekeimt ist,
gesegnet sein!
Möge Ihr Licht strahlen und leuchten
und Ihren Weg erhellen!
Möge Ihnen das Glück hold sein!
Ich wünsche Ihnen ein gutes Jahr!

RITUAL ZUM ABSCHLUSS DER RAUNÄCHTE UND ZUM JAHRESANFANG

❄ **Rückschau – sich für den Segnen öffnen –
den Schritt ins Neue wagen**

Nehmen Sie sich am 5. Januar abends oder am 6. Januar tagsüber noch einmal Zeit und lassen Sie die vergangenen Zwölften Revue passieren. Lesen Sie Ihre Aufzeichnungen durch. (Lesen Sie nochmals die Anregung, sich zukunftsweisenden Erkenntnissen zu öffnen – siehe S. 78 f.) Finden Sie bis zu zwölf Begriffe, die sich Ihnen als Lichtsamen, Themen oder Kräfte gezeigt haben und die Sie mit ins neue Jahr tragen. Sie können sie auf einen kleinen Zettel schreiben oder energetisch in einem kleinen Stein oder Kristall verankern. Dies ist Ihr Gedicht, Ihr Lied fürs neue Jahr.

Sammeln und zentrieren Sie sich, beten Sie noch einmal, wenn Sie möchten, und gehen Sie innerlich erneut an den heiligen Brunnen oder Teich der Frau Holda. Schöpfen Sie drei Mal aus seinem Wasser und lassen Sie es über sich rinnen. Bitten Sie Frau Holda oder die Geistwesen, denen Sie sich verbunden fühlen, um ihren Segen. Spüren Sie die Kraft der Lichtsamen in Ihren Händen oder in Ihrem Herzen und treten Sie wie die Goldmarie in den Torbogen, der zurück in die alltägliche Welt führt. Öffnen Sie sich für den Segen, der auf Sie herabströmt, und machen Sie dann einen symbolischen Schritt über die Schwelle nach vorne ins neue Jahr!

Quellen und Literatur

Anderson, Isabel: Die zwölf Heiligen Nächte. Ogham, 2000

Bächthold-Stäubli, Hanns: Handwörterbuch des deutschen Aber-glaubens. Digitale Ausgabe des Nachdrucks der Originalaus-gabe von 1927 bis 1942 beim Verlag de Gruyter

Behrendt, Joachim-Ernst: Kraft der Stille. Knaur, 2010

Campbell, Joseph: Der Heros der tausend Gestalten. Insel Verlag, 1999

Campbell, Joseph: Mythologie des Westens. dtv, 1996

Dürr, Hans-Peter: Auch die Wissenschaft spricht nur in Gleichnis-sen. Herder, 2004

Euler-Rolle, Andrea: Zwischen Aperschnalzen und Zwetschken-krampus. Landesverlag Linz, 1993

Fischer-Rizzi, Susanne: Botschaft an den Himmel. Irisiana, 1996

Göttner-Abendroth, Heide: Die Göttin und ihr Heros. Kohlham-mer, 2011

Grimm, Jakob und Wilhelm: Deutsches Wörterbuch. Leipzig, 1893

Haider, Friedrich: Tiroler Brauch im Jahreslauf. Tyrolia Verlag, 1990

Henkler, Sven: Das Wilde Heer. Verlag Zeitenwende, 2010

Kuhn, Adalbert/Wilhelm Schwartz: Norddeutsche Sagen, Mär-chen und Gebräuche. Olms, 1972

Laotse: Tao Te King. Hrsg. Stephen Mitchell, Goldmann, 2003

Laotse: Tao Te King. Aus dem Chinesischen von Bodo Kirchner, K. O. Schmidt und Richard Wilhelm, http://doormann.tripod.com/laotse23.htm

Le Roux, Francoise/Guyonvarc'h, Christian-J.: Die Hohen Feste der Kelten. Arun-Verlag, 1997

Moss, Robert: Fingerzeige des Schicksals. Ansata, 2008

Niehörster, Thomas: Das Wilde Heer und die armen Seelen. Ursus Verlag, 2009

Paetow, Karl: Volkssagen und Märchen um Frau Holle. Sponholtz, 1962

Riedel, Ingrid: Die weise Frau in uralt-neuen Erfahrungen. Walter Verlag, 1989

Rosegger, Peter: Der erste Christbaum in der Waldheimat; in: Unterm Tannenbaum. Bertelsmann Lesering

Schneider, Herbert; in: Bayerische Rauhnacht. Perschtenstiftung, 2008

Schwarzenau, Paul: Das göttliche Kind. Kreuz Verlag, 1984

Schweiggert, Alfons: Winter- und Weihnachtsgeister in Bayern. Verlag Bayerland (Dachau), 1996

Seghezzi, Ursula: Macht Geschichte Sinn? Van Eck Verlag (Liechtenstein), 2011

Shainberg, Catherine: Traumleben – Lebenstraum. Koha, 2007, und mündlich, 2010

Steindl-Rast: Perlen der Weisheit. Herder, 2010

Stiehle, Reinhardt: Das Rätsel der Rauhnächte. Chiron Verlag, 2011

Storl, Wolf-Dieter: Naturrituale. AT Verlag, 2004

Storl, Wolf-Dieter: Pflanzen der Kelten. AT Verlag, 2001

Thoreau, Henry: Walden. Diogenes, 1971

Timm, Erika: Frau Holle, Frau Percht und verwandte Gestalten. Hirzel Verlag, 2010

Zink, Jörg: Zwölf Nächte. Verlag am Eschbach, Leipzig; Thomas-Verlag, Leipzig, 1992

Anmerkungen

1   Timm, S. 49
2   Timm, S. 21
3   Göttner-Abendroth, S. 147
4   Fromm, Erich: Anatomie der menschlichen Destruktivität,
    in: Seghezzi, S. 85
5   Schwarzenau, S. 166
6   Seghezzi, S. 201
7   Seghezzi, S. 210
8   Schwarzenau, S. 66
9   Riedel, S. 141
10 Seghezzi, S. 210
11 Timm, S. 255
12 Niehörster, S. 33
13 Hendrich, H.: Der Walkürensturm; in: Niehörster, S. 109
14 Dürr, bei Gansler, http://home.arcor.de/GDN2/Seiten/
    Publikationen/Zeit.pdf
15 Dürr, Hans-Peter: Am Anfang war der Quantengeist. PM Magazin,
    Heft 5/2007
16 http://tomkenyon.com/die-kunst-des-zeitlinienspringens;
    Aussagen zu den Raunächten mündlich
17 Moss, S. 149
18 Bächthold-Stäubli, S. 1403
19 Fromm, Erich (siehe Anm. 4), S. 36
20 Storl: Naturrituale, S. 193
21 Kast, Verena: Sich zum Vertrauen entscheiden;
    in: Hartlieb, G.: Sehnsucht. Kreuz Verlag, 2012, S. 71

Wichtiger Hinweis

Die im Buch veröffentlichten Empfehlungen wurden von Verfasserin und Verlag sorgfältig erarbeitet und geprüft. Eine Garantie kann dennoch nicht übernommen werden. Ebenso ist die Haftung der Verfasserin bzw. des Verlages und seiner Beauftragten für Personen-, Sach- und Vermögensschäden ausgeschlossen.

© KOHA-Verlag GmbH Dorfen
Alle Rechte vorbehalten
7. Auflage 2024

Cover: Sabine Dunst/Guter Punkt, München
© Kuttelvaserova/shutterstock
Lektorat: Birgit Schönberger
Layout: Birgit-Inga Weber
Gesamtherstellung: Karin Schnellbach
Druck: Finidr, Tschechien
ISBN 978-3-86728-204-8

DIE AUTORIN

Die Verbindung zur Natur und eine naturverbundene Spiritualität sind die zentralen Themen, denen sich Nayoma de
Haën zuerst als Landschaftsplanerin und dann als Leiterin
schamanischer Selbsterfahrungsseminare widmete. Im Laufe der Zeit rückte dann Kommunikation immer mehr in den
Mittelpunkt ihrer Tätigkeit – Kommunikation nach innen und
außen, nach unten und oben. Auch als Lektorin und Überset-
zerin genießt sie den Umgang mit Sprache. Seit vielen Jahren
faszinieren sie die Verbindungen zwischen den alten Mythen
und Naturreligionen, den Ursprüngen unserer christlichen
Kultur und moderner Spiritualität.
Weitere Informationen zu Seminaren und Coachings unter
www.in-one-spirit.de